张万洪◎著

-59-
唯高餐饮经典书库

RESTAURANT
GUIDE BOOK

中国餐饮天书

如何做一名出色的总经理

餐馆总经理及中高层管理必读宝典

廣東旅游出版社
GUANGDONG TRAVEL & TOURISM PRESS
悦读书·悦旅行·悦享人生

图书在版编目（CIP）数据

中国餐饮天书：如何做一名出色的总经理/张万洪著.
—广州：广东旅游出版社，2014.8
ISBN 978-7-80766-252-5

Ⅰ.①中… Ⅱ.①张… Ⅲ.①饮食业—商业管理—中国
Ⅳ.①F719.3

中国版本图书馆CIP数据核字（2014）第019429号

责任编辑：郑作民
封面设计：小辉设计

广东旅游出版社出版发行
（广州市天河区五山路483号华南农业大学（公共管理学院）14号楼3楼 邮编：510642）
邮购电话：020-87348243
广东旅游出版社图书网
www.tourpress.cn
北京墨阁印刷有限公司印刷
（地址：北京市丰台区黄土岗化家大坑（白盘窑站353路东500米））
710×1000毫米 16开 20.5印张 305千字
2014年8月第1版第1次印刷
定价：39.80元

《唯高餐饮经典书库》丛书编委会

总　序

乘改革开放的快车,经历了风风雨雨,现今的中国餐饮业已成为市场化程度最高、竞争最充分、发展速度最快的行业之一。它曾经吸引了成千上万投资者的目光,并给了其中许多人以丰厚的回报。只有经营过餐饮业的人才更明白,日进万金其实不是神话,而是完全能够实现的事实。但是,面对新开的餐馆越来越多,赔钱的餐馆也日见增多的残酷现实时,不少业内人士既感到惶恐不安,又感到困惑不已。为什么昨天还客似云来的海鲜城,今天却无人问津?为什么仅一墙之隔的两家火锅店,一家烟雾腾腾,一家却锅冷人稀?为什么麦当劳、肯德基等洋餐馆能春夏秋冬都没有淡季,而不少中餐馆却时冷时热,有时甚至该旺不旺。为什么有些昨天还几乎是"两袖清风"的下岗职工,今天已经变成了腰缠万贯的餐馆老板;而有些昨天还是指指点点吆喝着的老板,今天却又重新回到了打工仔的行列……

据我们调查得知,从投资者、老板到各级从业人员,都很想探究这些问题的奥秘,很想在餐饮业这一宝山中挖到"金矿"。但是,一个实际困难却摆在他们的面前,那就是在茫茫书海中,介绍健康食品、家庭菜式的不少,但有关开办、经营餐馆的书籍却不多,有也是零零碎碎,且不够通俗易懂,缺乏实操性。现在,我们可以满怀信心地告诉读者,这个问题可以解决了。我们在经过长期准备和酝酿之后,与广州唯高餐饮咨询管理公司联合策划、出版了“唯高餐饮经典书库”系列丛书，以填补这方面的缺陷。希望能借此推动中国餐饮业的发展，帮助众多餐饮业老板和从业人员圆其创业梦与发财梦。

“唯高餐饮经典书库”的作者们，既有资深的餐饮业老板、总经理、高层主管、培训人员，也有专家、教授、作家、记者、编辑，他们都以强烈的责任心，深入餐饮业基层，对老板、员工反复采访，搜集了大量的第一手资料，并认真研究了许多餐饮业的理论知识。这些书是他们为餐饮业创造的宝贵财富。

本系列丛书已列入计划的选题达数十种，涵盖的范围广，涉及餐馆运作的方方面面，包括经营技巧、经营理念、管理方法、服务技能、员工培训等许多细节，内容极其丰富，知识面极其广阔，既全面又实用。本丛书力求在创作理念上与时代同步，并有一定的超前性，对餐馆的投资者、经营管理人员、从业人员均有一定的指导意义。

我们深信，“唯高餐饮经典书库”系列丛书一定会成为广大读者的良师益友，一定会为从业人员带来美好的“钱景”。

广东旅游出版社

2014年5月

前　言

什么叫经验？好听的说法叫“经验”，实际是犯错不少，交了不少学费换回来之教训，下次不会再错了。若老板愿意高薪聘经验丰富的总经理，就少走弯路，少交巨额学费。吃小亏占大便宜。

这是阁下拿了过百万工资都学不会之经验，因为你们不懂检讨及总结或老板不让你参与深度管理。本人当了25年餐饮老总，浓缩总结了200条管理心得，与大家分享。读完此书尚未能学会我40年浓缩经验，还要靠你悟性，老师引进门，修行靠自己，勿纸上谈兵，像马谡般只读死书。要懂变通，审时度势，见招拆招。

作为总经理不必对厨师长指手画脚，除非你用了一个低工资的庸才，有十年餐饮经验者都已能凭菜品的外貌，以前是色香味，现加上容器及创意做形，不用亲尝都已清楚厨师的水平高低。多鼓励，少批评，厨师们会更卖力去表现的。

总经理是企业大脑，无必要天天陪客喝酒，醉后大脑欠佳两三天的，让年轻貌美，嘴甜能喝的经理们来应付客人，总比老总出马强多了。

总经理代表半懂行老板去经营管理企业，必须德高望重才能镇得住店，经验丰富去把舵，奖罚分明，善待员工而定军心，尚要老总心中有盘能盈利之账，知道怎样控制五大费用，个人对厨房、楼面、财务、库房、采购、人事、维修、保卫、保洁、筹建等学问(十项全能)有一定认识才不会被蒙骗,有能力将店管理好,产生盈利好交代老板。

万事俱备,尚欠东风,最终还是要老板的认同与支持才能成功,当然这也是要靠你当班率高、勤奋、少坏习惯换回来的。

张万洪

2014 年 5 月

目录

CONTENTS

第一章 总经理实务篇

目录 CONTENTS

目录

CONTENTS

目录 CONTENTS

第四章
基层员工实务篇

目录
CONTENTS

目录 CONTENTS

第六章
厨房出品实务篇

目录

CONTENTS

目录 CONTENTS

ZHONGGUO CANYIN
TIANSHU

第一章

总经理实务篇

“打铁还须自身硬。”要想成为一名出色的总经理，就必须首先武装自己，使自己具备成功所需要的各种素质和能力。比如，如何找到一位好老板，选对靠山；如何发现问题，解决问题；如何经营管理，让餐馆效益最大化……总之，当你拥有了十八般武艺后，就不愁“出色总经理”的标签不落在你身上。

企业经营成功的基础

有个好老板、有个好老总以及有个好团队，三者缺一不可。这是想让企业经营成功的三大“硬件”。

1. 老板和老总必须相信“人才鼎盛才可生意兴隆”的硬道理，企业成功不能光靠一两个人，必须有一个能人团队，脑、手、脚三方合力才能达标的。餐饮俗语：“有能力的员工是靠高薪好福利争取回来的。”要有舍得精神，先高付出才会有高回报，行规价钱只能聘上一般员工，一般员工自然回报差，甚至边上班边在外找更高工资工作。员工常流动令老板苦恼。

工资与业绩挂钩办法只能招到两种人：声名狼藉，走投无路，不介意钱少；经验不足，替他交学费，学好走人。至于高手或当红者绝不感兴趣，因手上一只鸟，胜过林中百只鸟。老板要等见到盈利才愿意高付出是可能永远用不上好手的。大老板必须有广阔远大胸怀，容许员工及供货商赚你的钱，产生双赢结果，别老以为自己吃大亏了，东抠西减，只会因小失大，失败告终。开业前甲乙双方谈妥每月营业利润要求标准：比如第一个100万利润标准是15万，第二个100万是20万，第三个100万是25万，第四个100万是30万，第五个100万是35万，以后的每个100万都是35万封顶。只要营业利润达标，老板来店只是请客应酬，少干扰老总内政。

2. 总经理占成功因素达50%以上，需能镇店，把舵，定军心。老板本身是全懂行者则自任总经理，半懂行者则必须聘用一名起码有二三十年经验、德才兼备的老总来出谋策划，半懂行者只能看到事情的表面道理，专业者可以看透事情内外隐藏的好坏奥妙，少走很多弯路，少交巨额学费。总经理有关专业的意见，随便值一百几十万，绝不夸张渲染。他懂行，有经验，能分辨高层们能力，建立左膀右肩班子，产生强大执行力，再由左膀右肩合力组织一大批基层，训练有素，产生双腿的运作力，狮子领导带领虎狼之师，自然将企业做强做大，他可以将出品好、服务好及管理好的三好简单工作做好就不简单了；加上心中有盘能盈利的账。北方名言：兵熊熊一个，将熊熊一窝。

找不到全合意者只有互相放松条件，理解、包容和迁就吧。

3. 服务员占员工比例达六七成，面对客人服务两三个小时，亲和力、素质及经验很重要，让其工资高出同行500元，才能吸纳优秀员工来投靠，并让工作令客人满意，这两点已值得。将膳食住宿分红搞好，可以留住人才不流失，有人才何愁事业不成？投资上千万者别省这点钱，总经理当然以利润为目标，在懂行领导下让手下各自能发挥其长处，对老板有一定交代为原则，开始时费用稍高，只要三个月后，营业额上升，费用便下降多了。

告诉老板为什么要投资餐饮事业

1. 营业收入是现金,供应商货款却可以拖两三个月,光银行利息都赚不少。

2. 经济收益不大但社会效益很大,餐饮店搞得成功,老板在其亲戚朋友面前有很大荣耀,可以随便请客会令事业及人脉关系更上一台阶。

3. 稍有规模的餐饮店都是有几百员工叫你“老板”、吹捧你,飘飘然之感受,多美!餐饮搞得好,可开分店或连锁店,最后股票上市。利润挺可观的。多了几千员工,叫你“老板”。养一万几千人,多骄傲!

4. 坏处是行业有一俗语:“你跟谁有仇,介绍他搞餐饮,累死他,赔死他。”餐饮是一门易学难精的行业,用不上一个能人总经理及团队,赔钱及是非是个无底洞,谁都受不了,餐饮是赚辛苦钱,每天都要留意大小事,两三个小事处理不好或拖延,就会变成大事,况且老板付出的精神时间与回报不成正比,最好交给一个能人总经理,月底一张财务报表便知老总月月表现如何。盈利达标便可,另抓好财务主管及出纳,楼面厨房派两三个大内密探,老总便做不出什么大坏事的,老板与亲信干政多,总经理是白请了。

5. 经营餐饮无“绝地”说法,视乎有人便有生意。留意附近是什么,如一般居民楼房、豪宅、写字楼、大公司、大工厂、政府机构或部队等,交通方便情况,停车场容量,来决定营业定位是大众化还是中高档是最关键工作。

计算投资项目的大账

作为一个懂行老板或资深总经理在开始洽谈一个新项目上马与否时，首先要决定及计算好两个问题。

第一，按项目图则面积决定经营宗旨（粤菜或风味菜）、选择档次的中高低。做出布局图，分好楼面、厨房及后勤位置，计算出筹建装修及硬件须投资金额。

第二，计算出用多长时间将投资回收之数据。按投资额加上银行利息除以回收年限（24、30 或 36 个月）等于每月该做多少营业额才能达到回收指数。

再按项目之座位数，以不同营业地方（散座、厅房、宴会厅等）的人均消费额，以早午晚三市，便算出每天营业额；再乘以 15% 营业利润率，便知能否达到每月的投资回收指数。

完成上列两大问题便知这项目的盈亏，上马的可能性。

十个老板中有九个都会将投资额夸大，如老总感觉水分过大而不能完成时，可提出用店拥有的座位数得出每天及每月营业额，同时能交出合理营业利润（15% 至 35%）。凭这种合理数据，老板大多能接受的。

这每月营业额指数是很关键的，用作定出工资总额去聘各部员工（营业额的 20%），再与业主谈判打压租金及控制各种费用之依据。

总经理心中控制盈亏之账

以下图例在150万以上300万以下的营业额适用。

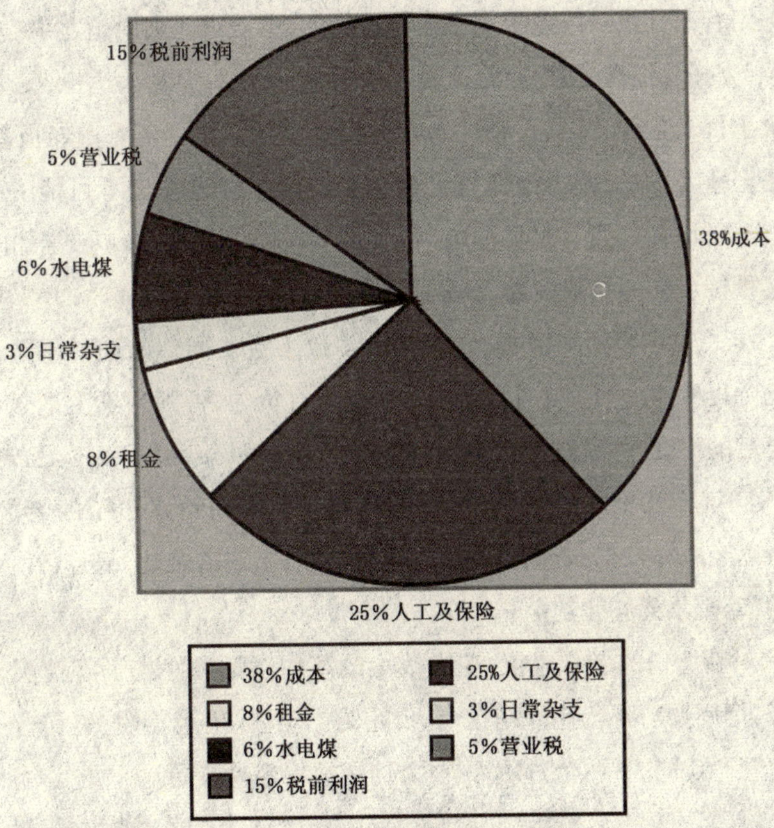

当营业额逐步上升时，工资、水电煤等费用不会按比例上升，而租金更是固定的，当营业额达600万或以上时，工资比例可能降至10%至15%左右，利润就会上升至20%至30%之间。

150万以下营业额不适用此标准，因麻雀虽小，五脏俱全，基本人手要齐全，工资比例会高很多的。特别是收拾烂摊变好档，各项费用会大多，到收拾妥当后，比例才会下降。

汇报你的施政手法看老板反应

1. 在香港餐饮业，总经理90%都由老板自己身兼，因为他们都懂行。在内地则有四分之一的老板因个人生意庞大，餐饮对他来说是九牛一毛，不屑一顾，委托总经理全管，每月就看一纸财务报表，只要利润达标，无大问题就不大干扰老总行政，只安心到店吃饭请客便可。如果半懂行老板参与管理就是经营者不幸，因为半懂行老板与全懂行总经理看法不可能一致（否则聘老总干什么），当有意见分歧时，大多不欢而散收场，所以要互相了解，知道老板授予你的权限多大，日后施政该怎么进行。

2. 老总心中必须有预备，老板绝大多数不会认同你的施政手法，虽然你自己觉得专业。因为十个老板，九个都是自负的，否则当不上老板，他们都有自己的一套，你说这样施政，那样改革，老板照办后，万一不灵，老总说一句"对不起"就拍屁股走人，剩下的烂摊子只有留给走不了的老板来承受。所以老总提意见，若老板不听别生气，他有上述的难处，记着：做事要听东家的，否则累死亦无功。

3. 对新上任的老总建议：花大钱去改革的意见最好先了解情况，凭现有资源，运用技巧将营业额稍提高，再用高当班率、决策英明、奖罚分明、换得大家开始认同，一两个月后才提出，让老板较容易接受。

总经理施政手法内容

一、要求老板做英明伯乐

老板不需懂行或饱学诗书，只要有分辨能人的第六灵感，做为老板最关心的是总经理有否足够能力将企业管好，光靠总经理个人英雄及店是名牌尚不够的，要面试总经理带来的团队骨干，通过两三次谈话，看“面相”，见微知著，暗中调查总经理过去表现才心中有数，因为团队力量平均才是成功关键，慎防老总们大多讲得漂亮，做得差劲。

二、要求老板为企业放权

总经理是代表老板去经营管理一个企业，老板必须授予三权（经营、人事及3万元人民币的财权）才能发挥其能力及经验，将企业打造得名声在外，并且盈利，从而做强做大。老板的授权不代表是永恒的，而是有人暗中监管的，出错两次便收回权力或下岗去。若老板委托总经理全管，则每月只需看财务报表，知道：

1. 营业额达标或增长否？
2. 综合成本毛利达标否？
3. 五大费用有否忽高忽低？合理否？
4. 营业利润达标否？

如此四项成绩满意，便代表总经理各项工作做得可以了，老板安心到店食饭请客便可，放手让总经理继续施政。

三、要求老板支持流动资金运转顺畅

总经理希望老板每月只能抽走每月营业额或卖给客人的储值卡金额约

30%左右。避免因流动资金不足，影响日常营业之运转。万一老板有更多的需要亦要知会总经理，让总经理知道及想办法应对。

四、让总经理管理胜于老板来管

让老板知道由总经理来经营管理比老板来管的成功机会大多了，因为总经理凭丰富经验去行事，该花的花，用刀用在利刃上，敢聘高手，不讲情面解雇坏分子。老板则刚好相反，每分钱都是自己血汗钱，讲情面，样样能省则省，最终效果肯定不如总经理。

五、总经理为企业必须坚持三点

1. 要大家遵守金字塔式管理体制，别各自为政，二线是服务一线的体制。二线是指：财务、库房、采购、人事、维修、保卫、卫生等。

2. 以人为本，尊重人才。

3. 善待员工及供应商令企业变成“金饭碗”人见人爱。

老总如何寻找到熟手基层及不让流失，安心为企业效力。就是靠高薪厚福利买回来的。让他们安居才能乐业，将员工的生活起居照顾好，一日三餐，上下班交通安排妥，当然以利润达标为原则。

六、磨合期做好预备

在开业前甲乙双方会定好营业定位，老板必须有耐心、信心。只有30%企业会开门红，比如名牌连锁店，但要先付天文数字招牌费，装修采购由他们，盈利就分红，亏损不算我事，这是不划算的，70%企业都要经艰苦经营三个月、半年至一年左右，才能逐步火红起来的。

作为老板事前必须备好一笔过渡期流动资金，否则临场向各方融资，狼狈尴尬，锅上蚂蚁，甚至不听老总的劝，乱出主意，弄乱大局，失败告终。作为总经理职责一定要达到营业指标及营业利润，否则有多大能力亦白搭而下岗，但现今市场是租金高、工资高、原材料高。这三高令利润很低。但老板及员工是不会体谅总经理苦处，资深老总只好运用其经验，各方调配整合，让劳资两方都双赢。

七、计算投资回收数据

很多外行老板在经营思路走进一个误区，埋怨员工薪金、租金及日常费用太高，无法经营。在餐饮财务对上述所说叫"经营五大费用"。

我认为应这样去思考：

1. 首先是你的"营业定位"能否让客人接受决定成功率。

2. 按你投资多少来决定多长时间回收投资。

3. 老总计算餐饮店的座位数、包间数及其他能营业地方每月所产生之营业额，按一般餐饮店成本 40%，毛利 60%，即做 100 万生意容许用 40 万去买原材料及酒水。毛利是 60 万。毛利 60 万中有 45 万是用作支付五大费用，剩余 15 万是上交老板做为老总工作成绩叫营业利润。

4. 老板与总经理开业前谈好营业利润金额数，同意做 100 万交 15 万，做第 2 个 100 万交 20 万，做第 3 个 100 万交 25 万，第 4 个 100 万交 30 万，第 5 个 100 万交 35 万，以后的就封顶了，即每增加一个 100 万交 35 万便可。若老总每月都达标交钱，老板就不应干扰老总内政，只审查财务报表，不离谱便可，至于五大费用逐步高涨的事让老总去头痛，老板帮助搞好政府部门关系便可。

八、容许开业期用够人

开业初期属磨合期，老板须心中预备好赔几个月，生意肯定很清淡，老板不能按工资占营业额 20% 来用人，举例开始第一个月每天平均 1 万元营业额，老板不能说，一个月只有 30 万，我就用 20%，即 6 万元，来聘员工。因为餐饮店有个"基本人手"的说法，如厨房必须有炒锅、砧板、上什、打荷、凉菜、面点、洗碗等基本所需多位师傅，若因省钱叫他们互相兼职，效果肯定不好，恶性循环，生意只会越做越差，应用预计正常营业额之 70% 或 80% 去用人，否则会省小失大。其他部门亦如此类推。因为“麻雀虽小，五脏俱全”的道理。若想等生意上去才用足够多的人，这种做法大可能等不到就做死了。越花越富，越省越穷，“进攻是最好的防守”。

九、训导亲信对企业心态

“皇亲国戚”及“密探亲信”可以存在，但人数不宜多，三五个足够了，告知这些人工作内容：不是拆老总台，是协助企业不出错。首先老板明告这些人并无特权，不但工作要按规章制度，尚要比同事勤快，不可丢老板脸，别人犯错罚 100 元，自己人犯错罚 200 元。严重者杀无赦，但有晋升机会自己人优先上位。当亲信发现老总有错（对错视乎观点与职位）切勿趾高气扬质问总经理，应知尊重管理制度，心平气和请教老总事情原因，若总经理回答不满意，才可告老板，让老板听老总解释，否则被称为不合理的越级上告，作为老板，当亲信告状，先问明有否咨询老总，若没有则让对方先听老总意见，不满意才找老板，并提醒乱告状会严惩的；当告状发生时，老板不可马上质问老总，先用脑去过滤事情，有否虚假夸大，事情经常有两个不同故事，暗中调查后才可与老总见面，否则被老总埋怨道听途说、冤枉好人、打击士气和积极性、伤了和气多不好。

十、让员工真心为企业卖命

老板对高管应该礼贤下士，尊重人才；说些鼓励感谢话；小恩小惠，收买人心，人家才会忠心耿耿，一心为你卖命。若一点都做不到，光靠一份工资是不够的。当外界有机会来临时高管会毫不留恋，跳槽而去。正所谓“你对人一般，人对你亦一般”。

十一、老板必须胸怀广阔，言而有信

小富由俭，大富必须有广阔的胸怀去容忍高层出点小错，不可有错便大骂、要求十全十美是不可能的，以江山为重才上策。相信管理人对员工评

价，当然会有10%管理人会出现不公道，但不可能每一个人都称职，不可以因小数破坏大多数人积极性，临场调整处理吧。出大问题时，懂得妥协。怎么去平衡部下之利益，这就是老板才能了。

如果做为一个老板常说“我眼中容不下一粒沙子”，经常为小错去动怒责骂，欠缺包容迁就心态就干不了大事，企业有十个八个部门，一天常有两三个大大小小的错误发生，天天发怒，月月换人，怎换得过来。人谁无过，过而能改，不离谱便可以。只骂不赞，忘大功记小过者只会令下属受不了，即逼人才找新工作，多不明智！老板必须有“双赢”精神，容许别人赚自己钱，做到合作伙伴签了合同后，便放心按合同办事，不用担心你肥我瘦而紧盯对方。若企业成功，员工只拿10%～15%提成，而老板是拿大头的。答应好的奖励提成，讲信用不能拖，即时兑现。

十二、行业金玉良言

人才是用高薪好福利招聘回来的，投资上几千万，莫因小失大，企业是失败不起的，总经理会按预算营业额的20%来定工资总额，有合理数据，不会乱来聘人的。

欠缺强兵猛将会胜算不高的。世界上大企业都是喜欢靠高薪，好福利，高提成来争取人才及留住能人。总经理尚要懂得驾驭能人，凡能人者大多有性格，桀骜不驯，多坏习惯，将他们控制在正轨内须一大番学问的。

十三、好服务是用人手够多堆砌出来的

生意好时，客人也不会接受“人手不足”的说法，因而生气，影响回头率。因饭店不是超市、银行、售票处，生意好时客人不会耐心排队等候服务。一个房间就要用一个专人来做倒酒等服务，上菜换碟又要一人，上座时十个客人会点8种不同饮料，人手不足者会被骂死的。

十四、以人为本何愁不成“霸业”

只要相信“拥有一个优秀员工团队，企业自然做强做大”，爱护员工、善待供应商，半年便可打造“金饭碗”名声，人才及供应商都踊跃加入。员工有归属感，忠心不二，为企业拼搏卖命。

唐太宗李世民说过：“我有过一千次想杀魏征，他经常不留面子顶撞我，但他的规劝是对的，我有容人胸怀，我忍他。”直至魏征去世，太宗伤心大哭，说失去一面铜镜子，看不到自己过错。唐太宗的格言：兼听则明，偏听则暗。

总经理心中须有投资回收把握的账

总经理第一步，取得老板投资总额，算出用多长时间才可以将投资回收数据。如：投资两千万，分两年半回收，即除以30个月，每个月须67万营业利润，一年共交出800万营业利润；即一年须做3200万（按25%利润率）才能产生800万营业利润，等于每个月要做270万营业额，每天要做9万才能达标。又如：投资五千万，分三年回收，即除以36个月。即每月须产生140万营业利润，一年共计1700万营业利润；即一年须做6000万（28%利润率）才能产生1700万营业利润，等于每个月要做500万营业额，即每天须做17万才能达标。

第二步，按店内营业地方计算，每天能做多少营业额及产生多少营业利润来满足投资回收指标数。如：包间数，每天使用次数，平均每个房消费数；大小宴会厅，每月使用约10次，能摆桌数，平均每桌消费数；自动餐座位数，每天按一转半计算，每人收费多少；其他营业部门等，还能产生多少营业额及营业利润；尚有酒店客房多少间，均价多少，房间数打个七折约算出入住数便知营业额。

第三步，让老板审阅你的汇报，老板会用第六感来断定你有否能力完成这使命，当然，事前他亦调查过你的阅历及名声。

第四步，将上列预计每月营业额来定工资总额，租金可接受程度、水电煤、发票税、日常收支等费用及投资回收。全按营业额百分比计算出来的，不靠口说，有科学依据的。

第五步，按预计每月营业额之20%来定出工资总数（如300万就是60万），再以工资总额分给厨房占40%、楼面占40%、后勤占20%，如厨房坚持不够，就要在楼面或后勤割让出部分来满足厨房。

第六步，向老板要求三个月至半年磨合期，每月预备好一笔50万至100

万磨合期流动资金，否则到时各方面都狼狈不堪。

第七步，从 2008 年开始，由于三高一低，租金、工资、原材料升高而利润降低，总经理被逼将正常食物成本由原来 40% 降低至 35%，务求将毛利增加至 65%，多出五点用来支付三高费用，即按 100 元一个菜，顾客以前吃到肚子是 40 元，餐饮店赚 60 元，调改为吃到肚子 35 元，店赚 65 元了。

第八步，上列数字只能为投资回收用，让老板有个底，最好是能产生比回报指标有更高的营业额，令老板多一份利润，锦上添花的惊喜，那总经理位置就坐得更安稳了。

总经理日常工作

1. 早上例会听各部负责人汇报并为问题拍板，要求他们会前有预备话题，长话短说，尽量控制在一小时左右结束。有问题当场拍不下板的，会后再开小组专题会。别耽误大家工作。拍板工作后四五个小时，便派助理去追问下文结果，因太多人散会后像自由了，不跟办事情，尚要自己或助理打听各部负责人对会议后决定有否上传下达，提醒他们在意，办事讲效率。

2. 在营业高峰时间在一线上下巡查，用鹰一般利眼和丰富经验去发现好坏问题，写在本上，回办公室召集有关人士来研究，听解释，做指示，这些小改小革在一天内可能只有两三个出现，但聚沙成塔、集腋成裘，连续两三个月改善能将弱店变成强店或转亏为盈。

3. 有重要客人或老板光临，有必要亲身出面交际一番，跟好细节、避免出错，留意厨房出品楼面服务。

4. 别忽略员工食宿问题、工作顺畅度、内外卫生、设备保养，与客人、面试求职者聊天打听意见。亲民鼓励基层员工。

5. 每天必须看一份报纸，知道世界时事、政府政策、当地新闻、行业动态等。

6. 有时候部门之间有些事情不好直说，总经理应有慧眼洞察力，看出问题，起润滑作用，平衡下属矛盾，让团结和气收场。

7. 对不用参加开会之部门抽空探访，听意见，用眼看，有问题帮解决。特别是对五大费用的把控要办好。

8. 每晚临睡前想象自己从店上下走一转，有否发现问题，若发现用床头必备纸笔写下。夜深人静时思考问题十分适合，检讨近几天工作，总结去改善。

如何控制成本毛利账

1. 很多高级管理人工作超过十年,工资累积收入超过百万,亦学不会计算成本毛利,因欠能人指导,老板不准插手财务自己又不爱钻研,结果蒙浑一生。至于长期以来餐饮店食物价格大都是互相抄习,按成本用逻辑猜出来多。

2. 什么是成本:是指厨房里所有原材料、汁酱加上酒吧之酒水生果等叫"成本",每个月要结付供应商钱的。成本与费用是两种不同的东西,分清楚别叫错。

例一:这个菜分量太多了,某种材料来价太高,叫厨房节约"成本";

例二:看到员工不关灯,浪费食水,东西小坏不修叫买新的,乱写纸张,多聘员工,批评节约"费用"。

3. 控制成本及毛利是餐饮企业首要重中之重任务,筹建初期先算出估计营业数字而产生之毛利金额,能接受多大的五大费用及营业利润(老板回报)的依据数字。估计营业额占比:

(1)压租金,只能占营业额之10% ~15%。

(2)聘请厨房,楼面及后勤员工,只能占20%;膳食,住房,福利及保险等占5%,共25%(不能超)。

(3)水电煤燃能占6%。

(4)购买营业发票预备占6%。

(5)控制日常前厅,厨房及后勤日常零碎开支在一个标准数目(办公用品、交际宣传、设备补充、清洁费用及网络费用),约占3%。

4. 什么是纯利:营业额 - 成本 = 毛利,毛利 - 五大费用 = 税前利润(总经理终日辛劳就为此),税前利润再减各项摊销及折旧 = 纯利。政府会抽纯利之利得税25% ~35%左右,(但经摊销折旧下来之纯利已所余无几了)。

5. 什么是摊销折旧：政府容许投资者将其资金（用在房屋建设，厨房空调设备用具，装修工程，汽车等）按规定分三至五年分月摊销在税前利润上，令利润减少，缴纳税额降低，投资者借此收回投资额。

6. 用营业利润减去投资摊销（此项目总投资是五千万，按财务规矩分若干年摊回去。例如：五千万 ÷ 48 个月 = 每个月 104 万摊销）。

7. 开业后万元以上再装修或购买设备物品者，因筹建时为了各种原因未能买上，开业后补买，这种情况钱可由经营方垫付，但账不能走经营费用，属筹建责任账，可走经营利润账后再减去，否则经营方费用巨大，产生不出营业利润，总经理无法向老板交差。领不到营业利润提成。

8. 购买大型设备、汽车、房屋、艺术品、金银珠宝、超过 3 万元宴请公关费用、股东差旅费等，都不能走营业费用。而走营业利润后之项目，跟经营者无关。

9. 尚有其他费用都要在营业利润后减除，如企业发展资金、工会经费、残保资金、企业利得税。上述问题一定在开业前跟老板白纸黑字讲好，否则落得不欢而散结果。

10. 行政总厨及酒吧主管重大责任：控制成本确保成本达标，产生预期利润，企业才可生存，缴付租金，发工资。所以上述两位一定要盯紧这工作，否则会下岗及名声不好。

成本来源：

1. 库房领货：如干货、海味、酱料、罐头、根油、用品等领货，一定要部门主管审批，库房才发货（紧急时后补签）。主管不要交托信赖一般小员工，须了解有否领双重？须否真要领？数量合理否？用货量正常否？有人偷货否？最重要是底单要保存锁好，万一库房或财务出错，而你底单不齐全者，包青天大人都救不了你，这种事情极少发生，但贯彻管理手法是有利无害。盘点成本最好亲自参与或派稳重精明人去办，老总才满意的。

2. 一次性直拨厨房：如蔬菜、肉食等，但单据必须跟好，否则吃亏是自己。

3. 海鲜池:领鱼虾蟹贝类进厨房,财务必须派人在海鲜池验斤两,通知小工别被海鲜老板收买。

4. 外购:店方临时或习惯性派人在外采购交你部门。

月底将各项取货总和,加上上月盘存数,减去月底盘点数,等于该月实际用货量(成本)。成本 ÷ 该月该部门营业额 = 成本率。

注:五项费用若有超标,总经理与有关主管磋商调整,遇有难度只能在工资、日常开支、成本三方压缩或将营业额做大。

例如一个月做100万营业额,厨房及酒吧要交出40%成本,60%毛利,成本(40万)用作结供应商款,毛利(60万)中能用作支付五大费用只能用45万(不够自想办法调整),珍惜余下15万用作上交董事局作为总经理业绩之营业利润,否则总经理工作不称职。老板见总经理利润达标就少干扰老总内政。

第一个100万交15万,第二个100万则要交20万,第三个100万则要交25~30万,越高营业利润则越高,因费用不会与营业额同步攀升的。

菜肴之卖出价计算法:

1. 首先与总厨及头砧板坐下研究,取得每个菜之用料斤两。再从采购及库房取得进货价,便可算出主料及配料成本价(要考虑原材料之出成率才准确)。

2. 每个菜式有其不同毛利要求,某部分菜式可能用作宣传,招揽,做特价,由老总及总厨双方决定。

餐饮行业要综合毛利达六分(40%成本)至七分(30%成本)才能生存,毛利用来维持五大费用支出及投资回收。

所以饮品、粉面饭、豆腐青菜、咕咾肉等的毛利要求在七分或以上,而一般菜肴则在五至六分,反而鲍参翅肚干货等则在四分半左右,即吃到肚子是55元店赚45元,名酒更低,所以菜单计价是灵活弹性处理。本行有“高人低出，平进贵卖”之说法务求综合毛利达标。

3. 如有三五个菜式做特价招揽，毛利特别低，甚至低于成本，可要求老板将此类菜式进货时，不走成本账，作宣传费用处理，月底将进货总额，该类菜肴之营业额，得出之负数走宣传费用帐，否则被错觉厨房失职，达不到成本要求率。

原材料价值 ÷ 要求成本率 = 要求毛利率的售价。

4. 如何知道某个菜利润达多少比率？够价否？

用售价如 38 元 ÷ 证明成本价 12. 5 元 = 3. 04。即有 3 倍售价达 7 分钱利润足够了。

5. 成本 12 元以下，采用七分、八分、九分都可以，如可乐雪碧、豆腐、青菜等，13 元至 50 元则用 7 分，51 元到 100 元则用 6 分或 6 分半，100 元以上则用 5 分或 5 分半，燕鲍翅则 5 分，海鲜、高档鱼则 5 分，便宜鱼或贝壳类则 6 分、7 分。

6. 另外定价需灵活弹性，参考市场价，如燕鲍翅、茅台、五粮液、长城红或白等。但最后决定在乎老板或老总经营思路。

7. 人均消费：将全天营业额 ÷ 总人数 = 人均消费。

8. 酒水比例：营业收入中酒水收入的比例最理想是 50%，最低不能少于 30%。若想酒水收入不达标，控制自带酒水现今已不实际，叫酒吧多卖水果汁或豆浆等来弥补酒吧毛利之损失才是真。

9. 郑重知会厨师长及酒吧主管，对于往库房领货或送货到店一次性直拨之单据，一定要签名留底保存好，自己看清内容，靠手下或小工会经常出错。万一出错或敌人陷害，单据不存的话，有冤无处诉，包公都救不了你。

控制成本会计工作职责

成本会计最好是有几年餐饮楼面经验。

1. 熟悉大菜单(包间围餐)开菜技艺,知道每道菜的价钱。这难度很大,只有派他们常到楼面实习培养约半年才稍有成才。

2. 要求成本会计每天早上参加供应商送货验收工作,了解货源来价、怎样不被供应商蒙骗的技巧,对成本会计工作有大帮助。

3. 要求厨房各类档口(粤菜、川湘菜、杭菜、本地菜、员工餐、凉菜、面点、烧腊、自助餐)领货时单上注明部门,要求分门别类好算出该部领货量(成本),做出月底成本毛利分析表交总经理施政。

4. 如生意繁忙,各部入厨单、酒水单太多,无法一一查阅,可采用抽查,黑名单者多查,杜绝有厨房单无收银单,大宴会单内价钱不够,入厨单与收银单内容不符,白条私自加东西等。这些工作常须两三个员工才能完成,公布故意犯错者解雇,疏忽者错一罚十倍。

5. 对厨师长出新菜的价钱有说“不”的权利,有不被别人牵着鼻子走的能力。

6. 月底参与厨师做盘点工作,熟悉他们收藏备用货源“洞穴”,各类操纵毛利手段,避免当“傻瓜”。

7. 成本会计有责任从厨师长及酒吧主管了解到菜谱中每一个菜式之成本价及卖出价,从酒吧主管拿到中外酒水类及各水果汁,生果盘成本价及售价,做表记录,亲自审查资料合格否。

什么叫管理

西方国家对管理定义是“胡萝卜加大棒”。中国人对管理的定义是“奖罚分明”。

我对管理的定义是“要求你之下属按照你个人管理手法去完成公司下达之指标及达到良好效果”。

我当老总肯定要求大家依照自己的管理手法去办事，别人当老总则按照别人手法去做事，十人九品，有以威服人，有以德服人，互相不能批评别人手法，最终能将管理做好便对。

经营与管理有什么不同

经营与管理是两种不同技巧，经营是对外界如顾客、传媒、同行等人的要求，而管理是对内部员工的要求。

经营最终目的是：

1. 做好：令客人光顾后赞美，好口碑、无投诉、做好宣传工作。

2. 盈利：对总经理要求肯定是开始时收支平衡，接着是盈利。

3. 做大：赚钱之后肯定雄心壮志开分店，扩大企业知名度。

管理最终目的是：

1. 提高效率：在称职的总经理领导之下，员工工作效率必然提高，少投诉、多表扬。

2. 降低成本：厨师长及酒吧的综合成本做到月月达标，甚至超标。

3. 节省费用：在有效措施下，企业的费用一定有所缩小。

4. 无大投诉：总经理有责任避免店里发生重大事故，如火灾、食物中毒、工业伤亡、被盗等。

5. 培养接班人：总经理个人英雄是不够的，要有能力教导员工成为强者。在总经理出差或休假时，管理层不会散架，能扛着半边天。

管理人必须具备四大能力

1. 发现问题的能力。眼光锐利：有一对鹰的眼睛，天花板有多少个灯泡灭了，哪些用餐环境卫生未做好，一些固定东西失踪，能发现客人的喜爱、市场走势、企业漏洞。

2. 承担问题的能力。发现问题不爱推给别人，自己想办法去解决，迫不得已才汇报上级。

3. 解决问题的能力。要有“逢山开路，遇水搭桥”的能力。若大小事情都要上级为你出主意，代表你无能力，聘管理人干什么。

4. 不犯同样错误的能力。人谁无过，错而能改，善莫大焉。犯错后懂得马上开会知会大家短期别再犯。否则若从哪里倒下，很快又再倒一次，那还怎么得了。

企业文化就是经营宗旨

酒店要有自己的企业文化：

以人为本，诚信对客，善待货商，培育接班。

常怀危机，不断创新，追求卓越，双赢精神。

说白了就是老板的“性格与喜爱”。

“办事不听东，累死亦无功。”

明白老板对员工、利润及供应商的态度去配合做事。

管理成功的三大原则

管理成功，三大原则，缺一不可。

一、制度管人

国有国法、家有家规，无规矩不成方圆。首先向大家公布金字塔式管理体制，以后各自为政，奉行二线部门是配合一线部门营业，令客人满意为目的。他日有人违反，严惩时不会被说“不教而诛”。企业开始创办时必有其规章制度，但天长地久，在营业、人事、财务工作实践中，发现哪些制度已经过时、不够明确、有漏洞、不合理等问题时，必须按公司发展趋势，审时度势，去完善制度，务求适应实际需要。制度是人定的，是死板的，人是活的，有错就需改。别被框框条条或传统束缚，勇敢创新，特别的事要特别办。

二、靠人管人

别信那些报喜不报忧的汇报。企业必须要求高中层管理人在高峰时间去一线巡查员工操作情况，好处有以下几点：

(1)员工做好要给予表扬，做不好要罚。

(2)十个投诉八个都发生于欠管理人在场。中层干部常盯员工，要将客人投诉减至最低。

(3)管理人常在一线，客人对企业才有信心。

三、用钱去管人

企业有规章制度及人管人还不够，金钱是最佳推动力，以多劳多得为原则，首先，组织一个销售团队，能说，会喝酒，会唱祝酒歌，每人给予一定保底工资，要求每个月完成一定营业额，超额营业则按提成计划去实行。

其次,鼓励服务员卖力推销燕翅鲍干货、海鲜及酒水而分享提成。

第三,定出每个月及每年度营业额达标金额,届时每月及每年达标在营业额拿出一定比例来给全体员工做提成。年底营业达标,拿出一定百分比奖励高中低员工,皆大欢喜,自动自觉去抢生意。近年出现三高一低租金高,工资高,原材料高,利润低,这时当老总的就辛苦点吧!

怎样做一个优秀管理人

一个人想事业成功，飞黄腾达，不需要博学多才或富二代，半数富人都是白手起家的。

1. 爱动脑。

2. 勤快、发愤，会检讨对错，爱做总结。

3. 有点运气。

管理人想学问技巧进步，一定要懂做检讨，每天抽半小时以上时间来回想过去几天在工作上干过什么对事或错事，思考过滤，写出总结，与同辈切磋，向上级问道，教导下属，产生教学双长（教师学生互相长知识），令问题更清晰，学得更多：如写菜单、管理技巧、做人道理、书法、天文地理、金融、地产、时事新闻等。这种叫丰富内涵。学问想学到东西一定要懂得问，智者问得好，愚者问得笨。

管理人必须德才兼备

有德有才“大胆用”，有才无德“盯着用”，有德无才“培养用”，无德无才“上帝用”。

缺德者的表现：表面为公，心存私念，为己护短，哪怕增加公司负担亦不介意，打倒异己，哪怕伤害企业利益亦不在乎，瞒上欺下，妒才嫉能。

有德者的表现：爱店如已，增值自己，早上班，晚下班，下班后亦想工作，不关手机，放假也回店看看，做事做人看大局，有时候委屈一下自己亦不介意，勇敢汇报伤害企业利益的事及人。

怎样才算有德?

忠心于老板，不作愚忠而好心办坏事。

孝顺父母者，做坏人亦坏不到哪里。

仁慈对人与动物，做事不赶尽杀绝；爱心护家庭，少干坏事。

信用昭著，做事不朝令夕改，努力完成诺言。

义薄云天，不出卖朋友，为帮兄弟，耗掉自己财富亦不在乎。

和平，不爱动武力，凡事以和为贵。

性格八大忌：自满不好学、事业心太轻、不爱传经验、妒才嫉能、官僚摆架子、瞒上欺下、护短不认错、贪财收贿赂。

品德八大忌：酗酒失言、粗口无礼貌、赌博负重债、固执发脾气、好色绯闻多、穿衣打扮差、讲是非扎针、野心不安分。

要认清体制

1. 审查人事架构金字塔内容是否合理?
2. 老板是否与老总争工作?
3. 各大部门负责人是否各自为政,谁不服谁,谁管不了谁?
4. 制度是否不合理? 过时应调,漏洞应堵。
5. 调查工资、福利、膳食、住宿、娱乐、交通等是否不合理?

令总经理害怕的十种老板

第一怕：老板舍得出高工资聘专业经理，视经理为救世主或魔术师，上任第二个月就要显奇迹、盈大利，但不信任专业，要你听他思维行事。刚局势开始有所好转时，仍不满意，东挑西骂。又相信亲信或老乡的话，老板半专业，当然看不透他们能力不足，执行力弱，但唯诺恭敬的奴才正合老板意，自己又欠缺唐太宗为大局着想、忍受魏征的刚直劝谏精神，下不了台，频繁更换老总，自毁长城。

第二怕：分不清谁是人才或庸才，爱听小人谗言、顺心话，对提议听不进。平日常说欢迎提意见，其实胸中很自负，谁都不如我，唯我看透问题。提得多意见，便生气，着令下岗或冷藏，剩下奴才一大堆，人才凋零。

第三怕：个人品德差，追求女员工或与男员工打牌赌钱，在外风花雪月，员工恃宠而骄，令管理层尴尬，无所适从。与高官或黑社会有关联，在经营上、财务上、人事上不依法律办事。讲打讲杀，令员工不安流失，令高层面对政府部门挨骂，甚至挨牢狱之灾。

第四怕：自打乱管理。老板爱当众批评老总等高层们，等于拆台，威信受打击，谁听他们的？大家都听老板，高层们被架空，只好辞职。安插一些亲友来监督，仗势凌人，馊主意多多，贪逸恶劳，带坏其他员工，偶尔打小报告，跟你对着干，又炒不动，将你气死。

第五怕：暴发户心态，爱接见员工听小报告，小员工一知半解、看法不全面，令管理层受屈，带情绪工作，处于骑驴找马态度。老板主意太多，十天半月一改，乱指挥，出了问题发脾气，找人背黑锅。望你一天干 16 小时，不爱听放假，经常更换经理。忘大功记小过，要求员工全美不出错。

第六怕：急功近利，利润要求太高，物不所值，客人却步。野心太大，发展过速，容易产生多米诺效应。

第七怕:采购人员与老板关系深切,购回的原材料,价高质低,只舍得花钱在门面、楼面,不明白后勤重要性,对厨房排烟、库房、更衣、放杂物地方不重视。开张后才后悔。不愿多花钱在员工餐,膳食不好,少人吃,员工常偷食,住宿差甚至住地下室。这样,即便花了钱员工也不领情,还背后骂娘。

第八怕:辱骂总经理,为表示自己权威,经常拿一些员工小错来大骂总经理甚至罚款。要知道,店有几百员工,每天都会出些小错,若有错便让总经理承担责任,每个月换老总都换不过来。另有老板习惯晚上要你陪喝酒聊天,谈工作至凌晨四五点,事后老板回家睡大觉,你只能睡两三个小时便要上班,怎受得了。所以总经理哪有精神出谋划策,边捱日子边找新工作吧。

第九怕:心术不正,用花言巧语招来大批供应商小股东,筹建期在装修设备上大赚一笔,开业后无心打理,小股东急于回本,供货亦做手脚,这样酒店很快就垮台。

第十怕:食言无信,老板都爱做"老赖",对什么协议、承诺等不爱签名,事后翻脸不认账还挑茬骂人,口头答应给好处,等到大家都拼命达到指标时就心痛金钱,找借口推三推四不执行,做事小家小气、舍不得,做不了大老板,只能做小老板。

管理失败的各种因素

停车管理员说话粗鲁，车位不足，欠拉门，欠打伞，欠帮打车，懒散，爱理不理，无纪律。

大堂气氛吵闹，领位热情度不够，应对生硬，指示不明，房间难找，内部知识半知不懂。订房制度混乱，营业部到四点落实定座，太多定了不来。菜单去厨房丢三落四。出品味道欠佳，菜不够热、出菜慢、沽清品种太多，老传错菜。

服务员服务技巧不熟，对菜谱不够了解，不懂介绍菜式，得罪客人，对投诉应对技巧不熟练，不够嘴甜舌滑，令投诉恶化。下级不服上级，纪律不严，请假多。客人结账要等半小时，很多信用卡都不来收。员工生手多、熟手少，留不住人才，流失率太高，自由散漫，当班失踪，高峰上厕所、回宿舍。士气低落，无归属感，作弊黑客，造谣生非，只罚无奖，仪表欠佳，笑容不够。

楼面卫生工作差，周围粘粘乎乎，收拾不整齐，灯泡坏无人换，空调不够冷，电梯不灵，厕所脏兮兮。

保卫没人查包、失窃多、膳食太差、浪费粮食、宿舍脏乱、没法洗澡，太吵睡不好，不少员工下班后在外赌喝上网至凌晨，上班无精神。亲人太多，令管理太多顾虑；各自为政，高层控制不住中层，只报喜不报忧；主管勉强晋升，能力不够，重复出错。楼面忙闲悬殊，不懂调动人手。无人培训，训后不考试。员工老玩手机，离岗无人知，好坏无人奖罚。管理人不爱上一线，繁忙时爱坐办公室做文件。指标完成不了，只会埋怨，不懂想办法。上级明哲保身不敢替下级说话。高层爱骂人，鸡毛蒜皮事都被骂到狗血淋头。忘大功，记小过。管理人在一线眼中无活力，木桩一条。人才少，庸才多。

选择资深管理公司的作用

中国历朝历代帝皇，想打拼江山、坐享霸业，一定要靠一批有能力的文官武将，所以人才就是硬道理。老板想投资，不用懂行，会用人代劳就行。

为什么要找管理公司？因为管理公司是人才库，如老板想搞餐饮，自己不是熟行时，最好方法就是委托专业管理公司筹建策划，组织人手，培训，开业后经营管理一大堆事。老板可以坐享其成，管理公司几个高层都是有四十多年经验，聘他们来帮你办事，不让人家拿点报酬是说不过去。只要他们能将事情办好，就物有所值。吃小亏占大便宜，这些专业人士能令你少走很多弯路，少交巨额学费，损失金钱事小，丢面子事大！

所以双方坐下来磋谈，议出一个双赢方案，让管理公司帮你做好，使餐馆盈利，做强做大。请调查我管理公司几个高层，德高望重，经验丰富，搞餐饮及 200 房以下酒店我们最在行了。

我管理公司有 20 多年广阔人脉关系，我们熟识北京众多在职人才的阅历，他们的优点与缺点，哪些能聘用，哪些挖不动，有些挖了都白挖。熟识行业趋势，决定走哪方向，可以提供一个 90% 成功机会的营业定位。开业后产生"镇店把舵定军心"的作用。这种先决条件比资金雄厚之同行更优胜，凡管理公司是比人才，专业知识为优先，以人为本，何愁无霸业。若找名店或名牌来管理，费用高昂，条件苛刻，我公司负担轻，要求利润低，成功机会大。

我有几十年为老板们相处经验，知道他们喜爱什么与厌恶什么，亦尝过不少教训或折磨，得出如何双赢办法。

三军易得，将帅难求！

总经理管理心得

1. 张万洪的办事原则：将复杂事情简单化，将简单事情办好就不简单了。长话短说，废话少讲，我人刚直，说话90%是真心话，因脸面薄，被人拆穿我受不了。管理名言：人才是用钱多聘回来的，好服务是由人多堆出来的。我店是高档餐饮，并非像超市银行或售票处般生意忙时客人会自动排队等候。高档客人不会接受人手不够的借口而会投诉，这是绝对影响生意的。

2. 老板对总经理要有珍惜尊重的表现，一天到晚厨房出几百个菜，楼面服务几百人，决不能无一出错，问责只是连带责任，轻轻说一两句就可以了。若凶巴巴、恶腾腾地批评，不出三次，老总就会有离心的。不理解不包容的话，月月换老总都换不过来的。

3. 大家进新华书店一看，太多怎么当总经理及厨师长的书，是否看完书就能当上或称职？不一定，一定要当事人言传身教举例或者自己通过实际实践，交相当学费才能有成绩的。否则亦是“纸上谈兵”之类。

一个企业无论你福利多好，工资多高，每月都有自然流失离职的。在5%以下是正常的，超过8%便表示企业人事管理有问题，应研究检讨改善。

4. 很多决策都不能做到十全十美，只要正面达80%以上就是正确。如有一两个漏洞，当场解决它吧。谁要争拗抬杠，叫他想一个无漏洞方法出来。拿钱出来做善事都会被人骂的，比如，说拿得少、一早就该拿出来、博出名等等。别拿小漏洞来影响好决策。

5. 凭25年在北京工作观察分析，只有30%的新开张的餐饮店能开门红，70%都是经过半年至一年艰苦经营奋斗才逐步火红起来，金悦沙老板事例表明老板开业时要备好一笔钱来过渡创牌子，作为磨合期用的资金，否则四处筹借令自己很狼狈尴尬的。

6. 找生意的秘诀：开业时楼面高层及营销队伍要将各包间主人及带来的一两名主宾侍候好，一两名主宾见环境、出品及服务都满意时，便会自己订房宴请其一两名主宾，再侍候好他们，如此类推，便产生几何平方模式（“老鼠繁殖法”），建立好口碑后在两三个月内生意便会火红起来的，问题是环境条件里包括能停车，包房在60平方米以上，够大有派，装修有特色、漂亮才成。

7. 餐饮店开业后大多采取先求人气政策，薄利多销，让客人说超值多来占小便宜，排队等座。产生羊群效应后店就开始挑高档客，逐步提高，增大营业额，甚至用自助餐来吸引中高档客人，人山人海就成一个势头，带旺其他部门生意。

8. 不论你怎么努力去工作，都不能得到100%同事认同，总有人挑刺的，但求问心无愧，他们有他们之想法，不必介怀，自己做自己的。时间能证明对错的。员工犯错，多半是约束不明、指令不清，高管之罪也。如管理人训示在先、三令五申、士不用命，员工之罪也，切勿“不教而诛”。

9. 世事有很多事情是没有绝对之对错，视乎观点与角度及个人性格，如摆设美感、美食爱好、装修艺术、穿衣打扮、管理手法、做人原则等各有不同看法或美感。

10. 工作中与别人有争拗，应心平气和换位思考去分析原因，因每个人所受教育不同、行业之工作经验不同，年纪和阅历不同，大家看事之思维不一致是可理解的，包容让步去解决问题才对。

11. 世界上没有绝对公道，谁要求绝对公道那个是笨蛋。人比人，气死人。男女始终有别。三个人犯同一个错误会有三个不同判决之可能。

12. 管理者座右铭“宁要人恨，莫要人怜”，用管理不严来争取大家对你拥护，叫你好人，结果下岗，欢送时大家说可怜你的话，你才发现自己真笨，管人就真正要“严”，做好人回家做吧。

13. 发出一个命令只能维持十天半个月就会淡忘，到时又要提醒一遍，穷追猛罚，管理就像吃饭一样，今天吃饱，明天、后天还要吃，不能说一次就永远有效，要经常提醒。那些员工如果说一次就不会再错，肯定是明天的总经理。

14. 管理人上一线站岗怎指挥：(1)千万不要抢服务员工作，先做好本分工作，服务员忙不过来时才出手帮忙。(2)指挥闲人帮忙人，帮助迎接客人光临及送别客人，盯着一线人员操作，做好表扬，做坏处分，士气才高昂。(3)留意客人动向或呼唤，指挥服务员去配合，盯着生意好与坏原因，向上反映。

15. 对一个五星级餐饮总经理来说，没有什么地方是绝地没法经营的，只要附近有人就要吃饭，吃饭自然餐饮就有生意可做，视乎经营手法及对象是谁，按现场环境来定方针。

16. 当经理处事说话一定要冷静、客观，不要因手下一两件小错，批评时说话偏激，形容到他一无是处是非常不好的，别用“忘大功，记小错”方式待人，看人应看全面。

17. 李嘉诚成功秘笈是“诚信双赢”及“看透五年后市场趋势”。

凡与大超人合作或供货，签完合同后可放心去干别的，不像一般要警惕对方出现你肥我瘦、收不到钱的情况，因他老人家性格，是坚持诚信及有钱大家赚的双赢结局，这点值得老板们学习。长江实业是官司最少的香港企业。

18. 管理的四大毛病：

(1)上传下达做不好，开完会就像下班一样，什么都忘。

(2)做事欠有回有报，应该做好说一声，做不好更要报告。

(3)遇困难就躲避，未干就说不成。不爱去克服困难。

(4)爱坐办公室来听哪些报喜不报忧之报告，有事只会开会安排工作。不喜欢上一线巡查手下工作好坏，喜欢上网、聊天，干无谓事。

19. 出来社会做事，先学会做人。

说话懂礼貌，不可没大没小，有分寸，说话分前因、后果及总结方式来说，懂得适当赞美别人，应知“你对人好，人未必对你好，你对人不好，人肯定对你不好。”

总结：先对人好，人家尚对你不好，自己就问心无愧。

20. 一个管理人应有很强洞察力，发现哪里有不合理，有怀疑，就有责任主动去查、去追问，我不接受“没人跟我说”“我不知道”这种话作借口，我只会批评你不以大局为重，官僚得很，不可能什么事都全通知上你，你才会办。

21. 经理级以上与下属打成一片，互相逗笑，他们会当你是“哥们”看待，不怕你，令你不好管，应保持一定距离，尊卑有别，等级分明为佳。习惯“越高级越寂寞”。

22. 管人处事需灵活，十人九品，要因每个人之背景而出招，软或硬，严厉中有人情味，处事因现场环境，不可坚守原则，弹性处理。

23. 一般员工看事只能看到一公里，中层看到二公里，高层看到三公里，中高层处事要考虑到全局。所以大家看法一致是不可能。

24. 大多员工认为：谁管我严、骂我、罚我，就是坏人，绝少员工会检讨自己表现是否称职，令上司对它产生爱或恨。所谓“人不知己过，牛不知力大。”

25. 承诺别人做事，三天能完成者告需五天，办事经常有意外，预备太紧，逼死自己，完成不了，则失信无面子，提早完成则令对方惊喜受赞美。

26. 管理人常犯毛病“做事五分钟热度”（虎头蛇尾）开始时一股狂热去执行，不到一周就没后劲。做事必须有恒心，决定做就要贯彻到底，精益求精，越做越好才对。

27. 总经理做出决策前一定要三思才行动，发现有错都要维持一段时间才可下令更改，朝令夕改是破坏自己威信大忌。西方人士很在乎约会或办事时的时间准时观念。

28. 学习别人成功之处不一定自己就能成功，首先了解别人成功之过程、环境及其他配合因素，并反问自己有否同样条件及必要性。别人成功大多经年累月，耗巨额资金磨合多时才能达到效果，不是十天半个月就有成的。

29.“接受不可改变之事实”,上级已铁定政策,虽然自己不合意,但有错不用背责任,争拗批评只会招来责骂,何不适应它,支持上级才是上策。

30. 从书本上学来的东西与实际操作差异很大,古语谓纸上谈兵也,所以两者都要重视。孔明斩马谡因失街亭,赵括被秦国白起坑杀士兵20万,都是纸上谈兵,半专业只能看见事情表面,专业有经验看透内中好坏。

31. 做人应有目标方向,不想当总经理的员工不是好员工。但想成功而不付出勤劳奋发的痛苦,哪里会有收获,整天吃喝玩乐不会成的,否则满大街都是总经理。

32. 今天你怨本店不好,明天到别的店都一样。“家家有本难念的经,难念都要念下去”,时间会证明,“金子是会发亮的”。天下乌鸦一般黑,到处杨梅一样花。哪有无问题之企业,在乎多少则矣。

33. 收银或财务要求总经理为客人饭后签单上加签证明时,应问客人有否签单协议,有的话要我签干什么,财务签才对。如说没有则说:我更不能签,我不认识他,也不可能担保他。谁拉回来生意谁签,若一定要签,证明一下则矣,签名旁写上:客已有签单协议,我签名属于公司行为。

34. 后勤卫主管的最高能力是死角卫生都能搞好才见真功夫。如拉出沙发、工作柜后面没垃圾才成。厨房死角、柜底能不藏垃圾才好,进厕所不能有臭味。

35. 当领导人必须有容人之量,特别那些不会拍马屁但工作勤快者,你手下能力不如你是正常的,手下犯错就严惩,如你上司亦这样对你,阁下心中肯定是抱怨的,批评下属首先问自己,有否训示在先,未做到者,先怪自己,从轻处理吧。

36. 干餐饮业属赚辛苦钱,永不停学,有伯乐之才去慧眼识英雄。最好是人才鼎盛,企业自然兴旺,领导须懂驾驭能人,适量权力下放,宽恕容人,目光远大,不计较短期得失,不让胜利冲昏头脑,不让挫折打击斗志才是好老总。

37. 现今市场竞争激烈，总经理节奏稍慢一拍，中层就慢两拍，员工更会慢三拍，很快会脱节落后了。

38. 很多高级管理人在老板巡查时，扮成工作勤快，老板询问时言词漂亮，态度诚恳。老板一走，回办公室聊天、享受、打电脑、失踪，甚少过问关心手下工作，只让他们自生自灭，出了事就找人背黑锅。此类人真不少。

39. 酒楼一旦管理失当，一两个月其营业额就跌至低谷，想爬回上去，须三四个月努力，因客人不是你员工或子女，叫来就来，急不得也。流失容易，回头难。

40. 一个酒楼总经理最重要的工作是主持早上各部门例会。店里一天经常有三五七八件大小事情发生，处理不好或拖延的话会恶化成为大事。作为老总一定要够专业、有些名气、德高望重、仪表出众、举止有派、工作勤快、处事公道，才能镇住公司各部主管，让他们服你配合你。但主要要得到老板表扬鼓励及放权才成。

41. 我不同意当总经理天天喝高，一个人喝多了，早上起来胃与脑很辛苦。哪有清醒之思维去主持会议及日常工作。在包间与客对喝，老总有醉意，手下会钻空子，管理会失控，自由散漫、胡作非为。老总应在营业高峰时，除在楼面巡查外，亦需到厨房，后勤突击检查。让大家警惕，全心努力工作。不是大客或老板就别喝。

42. 忠心勤快高管最怕奸人当道，经常"扎针"，"三人成虎"，"十次谎言成真理"，尽心尽意者无人报老板，有功劳被淡化，小错夸张成大错，打击好员工让流失。老板听到谗言一定要心平气和先思考，必须与当事人对话沟通，经常有两种版本，不要相信单方面，因进谗言者多属半外行或了解不足，看事不全面，出发点半为店，半为嫉妒。否则老板已提升他当头了。

43. 跨国大企业、大机构之总裁级日常工作是打高尔夫球，坐游艇出海钓鱼，高级会所休闲享受，在心旷神怡环境、头脑清醒下去思考其企业未来两三年后之发展方向，因一至二年之事务早已计划妥当。

44. 100 人以下企业，老板及其家人参与管理是可行的，但超过 100 人就要实施企业金字塔层级管理制度，聘该行专业人士来管理，才能将企业管好及壮大。层级管理是用制度去管人，不再是人管人了。用亲人来管理向来都是30%好处，70%坏处，小企业尚可接受，中大企业就不成了，因为老板：

（1）亲友中不可能有这么多专业人才。

（2）这些亲人欠专业，站在低层面看事，凭一点愚忠去保护老板利益，自以为是，各自为政，工作不配合，令到高管发挥不力，如老板用人唯亲，高管无法开展工作便做顺民混日子。亲人不知这方法最终损失是企业，伤害老板的利益。

（3）这些亲信靠个人思维及有限经验，向老板提意见，半数是不专业的，而老板亦不精于一线管理，如言听计从，导致厨师长及楼面经理不认同，产生吵架，烦死老板。但店内老总明哲保身，不想与老板及亲信对抗，便去做“顺民”。最终企业只会越管越差，怨声载道，出问题便互相推卸责任。

45. 自古以来，老板与雇员很难同心，老板希望“花小钱办大事”，雇员则望出半斤力收一斤钱。现代年轻人大多娇生惯养，未挨过苦，喜欢尝试新环境及跳槽。身在福中不知福，稍一不顺意就扭头不干。不管店环境多好，管理人对他们多么不错，都不会感激，好像是应该的。所以对年轻人不能期望太高，否则失望会更大。

46. 管理人如何产生煞气与霸气，首先跟个好师父好好地学半年，学问就会大增几倍，有内涵，心中自然增强自信心，充满自信心就感觉比别人强，那就够胆去管人及批评别人。在管人中就显露出煞气与霸气来。

47. 饭店成功因素是什么？

（1）总经理定出正确的经营定位：环境选址佳，房够大，能停车及装修华丽；菜式档次定位准。

（2）老板必须让懂得筹建的资深总经理参与设计及监工，定出楼面厨房的布局，让水电煤、排风、合乎要求，硬件挑选美观实用，令开业后经营者工作顺畅。

（3）出品占40%重要，服务占30%；后勤占30%（保卫、保洁、维修、财务)。

48. 当领导应常怀危机感:生于忧患、死于安乐,要以逆水行舟,不进则退心态。第一时间发觉危机,先知先觉。老板不接受大围环境解脱说法,应看风使舵,绝不争拗。相信生意好坏必有因,肯定在前厅、厨房、后勤中出问题。须当机立断,有壮士断臂精神,切勿坐以待毙,必须有所作为,好坏不论。如墨守成规、故步自封,死定矣!

49. 酒楼危机总经理与董事局事前应有默契,怎预防及事后处理方法,不致措手不及:

(1)食物中毒。

(2)客人投诉恶化至媒体宣传。

(3)某部门集体跳槽。

(4)火灾或邻居失火。

(5)客人签单过多过大。

(6)某部门罢工。

(7)客人或员工意外出人命。

(8)环保出问题。

(9)加租过大。

(10)主要领导突然不能上班。

(11)债务引发官司。

(12)交通改变堵塞。

(13)股东拆股。

(14)附近新增实力雄厚酒楼。

50. 出品部成功之道:

(1)厨师长有两三个独特招牌菜和懂管理人事及搞好卫生。

(2)厨师长有责任维持头二三锅出品水平靠近,差距不大。

(3)厨房与营业部不时有新菜推出。

(4)虚心接受客人意见,不生气或骂人。指导厨师与楼面部配合,谅解及包容。

51. 总经理要有三大条件才能镇住手下及被老板器重：

(1)有经验：有十年以上业务经验，决事十有八九正确。

(2)有气质：够煞气、霸气及刚气。不做唯唯诺诺奴才，但懂得谈话艺术，忠言不逆耳方法。

(3)品德好：处事公道负责，不结党派，不官僚，坏嗜好极少，受下属爱戴。

52. 部长职责：

(1)有管理技巧，管好服务员工作。

(2)有客情良好公关能力，留住老顾客发展新客人。

(3)妥善解决客人投诉。

(4)对客人意见及上级批示，上传下达。

53. 经理职责：

(1)手上有批客，能喝酒，能搞气氛，能留住老顾客及发展新客人。

(2)懂日常管理，精明果断去解决问题，营销策略点子多多，有霸气镇住员工。

(3)妥善处理投诉及事故应变力强。

(4)懂培训，个人英雄是不够的，能帮助弱者手下成为强者，共同整体达标，产生凝聚力，令员工有归属感。

(5)与厨房后勤等部门和谐共存，搞好人际关系，处事圆滑。

54. 外国管理对经理有四个“A”要求：

(1)APPEARANCE 外表佳——凡雇主都希望聘到高大威猛之管理人，所以面试时会留意他们之相貌气质、谈吐举止、仪表打扮，第一个印象分占60%。如你凶神恶煞、粗口猥琐、衣衫不整洁、表达能力低，再好才学经验，机会亦微。

(2)ABILITY 高能力——有丰富名牌企业工作经验，懂用脑，有管人之煞气。

(3) ACTIVE 活力强——雇主希望雇员少不良嗜好，工作狂，魄力惊人，干劲冲天。

(4) AMBITION 有野心——员工常存博晋升的野心是好事，公司才有生气，有斗志，不思进取只会令公司退步，如大家明哲保身，少做少错，不做不错，公司会死气沉沉。

55. 高层接到手下投诉事情，自己一定不要马上表态批评，先听另一方面意见，随时有不同说法，自己小心说话，批评中不要将投诉人名字带进，假装自己发现，免被当事者含恨报复投诉人。

56. 当我们对某人带了"有色眼镜"（偏见）后，就会出现"疑人偷金"故事。有人丢黄金后，怀疑某人时，东看西看，某人都是贼头贼脑，后来黄金找出来了，是自己错放地方，以后再怎看某人都不像贼了。

57. 一般人学习要讲三次至五次才能进脑，很多人听完就忘了。资质稍佳则要讲两次以上才能记住，未来总经理人才只要讲一次就领悟牢记，甚至举一反三。

58. 作为一个领导，是企业之大脑，应保持思维清晰、精力充沛才对。别事必躬亲，不与下属争工作，不说下属不成或不放心，懂得分配劳动力，切勿废寝忘餐、加班加点、有病不理。弄坏身体就是伤害企业利益，公司需要你长期领导，明白三军易得、将帅难求。高管熬出病来是对企业不负责行为。不表扬，反要批评。

59. 总经理要有习惯一个月内起码有一次去宿舍巡查。亦偶然凌晨两三点返店内突击检查，检查是否睡到连进门都不醒，拍门无人应及有人聚赌干坏事。

60. 管理人必须具备四大能力：发现问题之洞察能力；承担问题之责任心能力；解决问题之脑好用能力；短期不犯同样错误的改错能力。

61. 当前，很多半懂餐饮者够胆、敢创新、不怕失败，去开创新派餐饮成功不少，老行尊被条条框框行规等束缚，不敢拼搏，便被淘汰。

62. 眼看很多新开餐饮店，开业时很兴旺，但个体老板大多小女人想法，一见生意好就加价，斤斤计较小利，省原材料，省人工，省费用，结果生意逐渐走下坡路。

63. 我们要开解自己，店给员工营业指标是合理的，没足够收入，怎发工资及奖金给大家。租金，水、电、煤气等费用谁交，况且完成指标有奖金，多劳多得。谁都不为难谁，任务是我们责任。老板投资几千万，无生意向谁说苦？

64. 客人签单问题，提醒管理人：国有企业签单可以信。个人或私企不要相信，不管办公楼及汽车多大多漂亮，经常有很多风光富豪突然失踪。只可信两三万就到头了。单签超过十万后，有半数是收不回来的。越签越多越想赖，这家不让签，便签其他家酒楼。如你个人担保他，那就要你命了，经理有责任月月去跟办追讨经手的签单，否则财务将你工资扣起来。

65. 部长及经理在班前会将昨日发生之错误点名指出，让大家警惕不要重复再犯，找不到错误者即不称职，代表上班浑浑噩噩，不是“金鱼”就是“栋梁”。

66. 社会上有平庸、中庸及有本事的三种人组成，各有不同程度之善恶，不可能人人都让你称心满意，心中要理解包容，别太多抱怨，才能拥有安静平衡的工作心态。

67. 干酒店客房工作者对房客服务最终要求是令客人感觉如家，干餐饮工作者对顾客最终要求是“留住老顾客，发展新客人”。作为一个有经验总经理在筹建期要注意一个经常犯之人事上大错，大多照顾好中层及高层之高工资好福利。忽视了基层员工，给他们稍低之工资及福利，要知基层员工人数占全店之60% ~70%，特别是2000年以后，基层奇缺，他们不稳定，中高层策略再高，基层执行力差，亦是白搭。工资太低常出现跳槽，走后无人补进，已走的人工作压到不走的人身上，变成“加辛”，辛苦的“辛”，不久旧员工亦干不下去，恶性循环，新人进来干两三个月学到东西亦走去高工资处，变成培训学校。

68. 逞口舌，不战而屈对方者为上策；用美言，打折减免求和者为中策；

动干戈，流血毁物惊官者下策。

69. 人之思维及处事手法往往随着环境地位而转变，正所谓“此一时，彼一时”也，或“今时不同往日”。不要介怀，换你都一样。

70. “昨日成功之经验乃明天失败之因素。”因为客人会贪新忘旧，所以要不断跟着潮流改变，才能适者生存。百年老店都败在凉水煮青蛙原理（不重视小问题，不知不觉中死亡都不知道），麦当劳进入中国都要作改革才能适应市场，冰冻三尺非一日之寒。

71. 安排部门任务，不能光要求结果，让下面自己解决，不施帮助，这样只会令手下心不服：每事他们都能处理，何必用上级？有问题时替他们出点主意，细节他们做，才是好领导。

72. “慎其言”：世间无不透风之墙，说出去的话要心存大家都会知道，特别是在生气或高兴时别乱说。

73. 经历史鉴证，同工不同酬，令员工之间产生矛盾推卸责任，得不偿失。上策是表现好者升级加薪，表现坏者，批评、罚款或开除。服务员级别不要超三级，否则互相卸责，级别多要等一两年才调至最高级别，大多等不了就离职。

74. 人是感情动物，不像机器，会受家庭、健康、金钱等因素影响，令工作中产生狂热或低潮，甚至脱离正常工作轨道，管理人就要给他们做工作，软硬兼施，让员工走回正常轨道上。

75. 搞工程面对承建商，要防先报很便宜价，让你入局，当进场后诸多借口，这样没报价，那样没报价来追加费用，最后变成最贵的。因此谈价时先说明：效果图有，就应有，不报是他责任，按图上有的来验收。

76. 财务经理没法当上总经理是因为他只从保护企业利益去想事，而总经理必须从三个角度，包括企业、员工及营业大局去决策。

77. 经常有些事情让外行人从表面看是天经地义的，但内行人就看透内里玄机及实际操作时与表面想法之差距颇大，俗称“纸上谈兵”。

78. 人出错是难免，视乎出发点在工作上或个人私心上、无意或故意、轻与重去处分，犯错者勇敢去承认错误，短期内不再犯同样错，便是好员工。不鼓励“多做多错，少做少错，不做不错”这概念。但一错再错便不可原谅，并且无功便是过。

79. 部长经理级不准做“金鱼”，在大厅及厅房走廊游来游去，应进厅房看服务、交际应酬，必须有敬业乐业精神，切勿上班一条虫，下班一条龙。

80. 楼面人员老投诉厨房没新菜出，但不知自己推荐菜经常是老三样。其实菜谱上有两百多个菜，不可能不够，只是自己未懂全利用上。自己喜欢的就介绍，不喜欢就说不好，厨师长真冤枉。这是不知“十人九品”的道理。

81. 一般管理人大多是在执行力不够强，上传下达差，缺乏锲而不舍的工作精神，欠有回有报。开会时“头头是道”说明白，散会后便忘其事。犯上奴才命，要挨骂挨罚才打起精神工作。

82. 搞装修的花钱原则：装修拆不走的，少花点钱，能拿走的可多花点钱，如电视、音响、家具、设备等。“贵买便宜用”，耐用多几年便值了。

83. 忠心与能力是两个不同概念，一个人能力是背 50 斤，你硬要他背 100 斤，结果是人摔倒受伤，东西打破了，好心做坏事也，重要岗位如财务、厨师长、总经理、总监等要职需技术及经验才可胜任，绝不能因他忠心好人而拔苗助长让他上任，只有将事情弄砸的。

84. 忙不代表什么都不顾，菜质量放宽，服务变粗滥。非也，将预备工作做得更多，人手增加一点才正确，否则生意会滑坡。

85. 年轻人创业时，一股劲头去猛冲，天地不怕，不受行业习惯约束，很多时候创出意想不到之成功例子，到有一定基础成名后，尝过不少苦头教训，开始成熟，懂得害怕失败，开始瞻前顾后，猛冲劲头就缓慢下来，所以企业必须不断有新血补充，才有活力创劲，所谓“初生之犊不畏虎”是也。

86. 有不少冥顽不灵的人，知错不认觉得认错很丢脸，推卸错处不认不改，这种不知悔改态度只能令自己重蹈覆辙，失败至永不翻身地步。所以知耻近乎勇。一个人不可能无长处，但学会一点三脚猫功夫优点就以为自己是 100% 人才，不知自己无得力之左膀右肩来镇场，用不上精兵猛将就降低自己威信及成绩，加上自己爱吃喝玩乐，内涵不足爱坐办公室，处事不公道两三个月后就江郎才尽，干不出好成绩来而下岗。

87. 对20世纪90年代出生年轻人说“我收你为徒”半数换来冷淡反应，他们不担心前途，爱以“明天会更好”心态做人。苦口婆心说教亦徒然。学到点三脚猫功夫就自以为是打遍天下无敌了。

88. 作为总经理对下属只能相信80%，必须亲在一线巡查，处事公道、带动士气，奖罚分明，明白政策之执行力很重要。合适度如何，有错就要调整或精益求精，受员工拥戴，生意才能蒸蒸日上。

89. 管理人上班不能见事做事，东聊西逛，浑浑噩噩过日子，每天应腾出20分钟来思考，有什么事未干好，该改善什么事，记下去跟办，这才算对得起自己的工资。

90. 震慑力是令主管感觉你懂行，有足够经历经验，德高望重，令大家心中又敬又恨又怕去配合你智慧，否则阳奉阴违，意见多多互不合作，令管理不顺畅。

91. 很多有性格之经理只服从有能力之上司，但世界上这种上司不多，需懂“适应环境”，简单说是“你去适应上司，不是上司迁就你”。否则去哪都干不长。

92. 一个黑白分明，疾恶如仇之人不能当首长，只能当二把手，当首长遇到难题时，懂得用技术处理，平衡各方心态及利益。

93. 一线员工反映客人意见是最新讯息，因客人爱试新店，对我店出品与服务是一针见血，不用给谁留面子。

94. 酒楼员工，专业安排是1/3生手、1/3半熟、1/3熟手。一名学生成材需一年，现今年轻人大半娇生惯养、情绪大、容易哭、不好管，受点委屈便辞职。

95. 打工必须忠心老板，饮水思源，合作不愉快低调退出。不作谩骂反击对抗，导致不欢而散，留点后路，说不定哪一天“山水有相逢”。

96. 经理部长要让大家知道老板及一些重要人物之性格喜爱，爱吃什么菜,不喜欢什么。避免领导生气。会骂"连老板都无法侍候好,客人肯定更糟糕了"。

97. 管理人有工作向上级汇报后,不能说了一次就算完结,上司可能因种种原因忘记或未做的,有责任不断地提醒,否则工作出问题亦要负部分责任。

98. 社会上有很多种有性格人,不可能在工作上都遇上合意拍档。就像你可以选择妻子及朋友之人品,但不可选他的家庭成员;可选学校,不可选老师。可选工作单位,不可选上司或搭档;所以要本着"爱屋及乌"精神去谅解及包容对方。否则你会不开心而影响一切。

99. 对于辞退员工,总经理最好过问,人事部按章办事,讲原则,要性格,处分过严,出问题推上司处理,少部分员工反对时,应以和为贵作让步,否则会产生诉讼。

100. 出现投诉要将有关部门主管找来,不接受"我已通知他,他不干,我有什么办法"。这样最终是企业受损,应懂"解决不了问题时,应第一时间找厨师长、经理或能帮上忙之人",不能等问题恶化大家分摊损失,才能煞住官僚主义。

101. 老板希望员工忠诚,员工则在乎付出忠诚后收获多大,实话实说不存在"谁对谁不忠",讲究"共同利益",哪方利益不满意就合作不会长久。现今年代打工没有永远的雇员和永远的老板,只有永远的利益。

102. 人之性格大多"江山易改,本性难移",想用自己能力去改变一个人之性格,大多不成的,能改三分之一算不错,好像"老板、配偶、儿女"等,改不了何妨去适应他们,只要不犯大原则,应以"求大同、存小异"就可以了。

103. 在其位,谋其位;不在其位,不谋其政。说话知道尊卑有别,论资排辈。懂察言观色及人情世故,有些事情知道当不知道,不该打听别插手,明白功高震主及树大招风说法。懂得什么时候该低调或高调处理事情。未有实力时必须忍,到自己有一定之实力才可按自己性格去办。

104. 有见识之老板会不高兴两件事：总经理经常令下属加班，通宵达旦，以为邀功，其实是错的，大多工作应能及早预备，分配适当者不会出现加班，应可以从容不迫，只有极少突发事件才会加班。楼面经理及厨师累积假期多亦会被骂，可分半天去休假，不可能天天从早到晚都忙个不停的。

105. 当领导做出大决策时应开会咨询大家意见，就算心中已有定数，亦要假民主，做成政策是大家意见，增加执行力，免背上独断专行恶名，免其他人产生隔岸观火、放软手、不配合行为。开会中经常发现有你未想到之细节，亦可鼓励大家动脑创新。

106. 将在大城市之成功经营模式拿到二、三线城镇区照做，大多问题多多，因碍于当地人消费力，餐饮习惯及当地政府风气，都大有出入，必须针对环境而调整经营策略才可以。

107. 当今对服务员级不要期望太高，年轻人不懂事、学历低、不够聪明，大多不考虑明天，只顾眼前，只要工资福利合情合理，别要求天长地久。将心血放在中层为佳，服务员工作一两年还不获晋升，便是质素不够之人。

108. 很多有才华青年，恃才傲物，锐气凌人，必须挫折他，磨圆他的棱角，让他知道当头要老成世故、忌冲动、心要正、外要圆滑、争取人缘，才能生存。

109. 企业是以人为本，老板应严肃正视发工资问题，既然迟早都要发，准时发、名声好、工作卖力。迟发令工作带情绪，背后咒骂，坏名声，必须咬牙准时发工资。

110. 懂得宽恕别人，大多是久经世故、修行至炉火纯青之长者，年少气盛、当时得令之人是不会饶恕别人的。

111. 对老板进言心得：

(1)总经理应本着职业道德，够胆色向老板提出不合理的事而改革意见。

(2)懂察言观色，看清楚眉头眼额，分析老板心态接受与否。

(3)明白老板与打工者看法肯定有点出入,如不听你的,切勿逢人诉怨,否则反添恶果,应积极配合,世事不一定全你对的。

(4)受不了,另谋高就,漂亮借口辞职,别出恶言,留后路,日后好相见。

112. 高管想搞好管理是靠个人威信,若老板开会时将他的犯错狠批评,奚落一番,好像马上要他下岗了,他同级或手下自然看不起他,认为他快完蛋了,这高管的话可听可不听,他自己都保不了,不合作亦奈何不了我,所以老板骂完高管就要尽快让他走人,否则是一个活死人,养来何用!老板骂高管必须关门骂。

113. 总经理最不爱听部门主管说三句话:没人告诉我;没人找我问;我管不了他,他不听我话。

有时候,环境所迫,不能事事都说个清楚,有时常有突发事情,来不及提早通知,要靠自身能力,主动去问或跟查,否则,表示欠缺发现问题能力,官僚作风。管不了人就无资格当主管,除非上级交代某人特殊,不用管。

114. 公司经营失败,高层员工是罪魁祸首,员工乃企业成功因素,用人宜取其心为重要,上下不同心,企业必失败,百人走一步,胜却一人走百步。

115. 老板大约分三类:

(1)我付你薪酬,你替我将工作干好,不爱听功劳苦劳这种话,谁也不欠谁,员工上千计大公司,就是这说法。

(2)中小私人企业,半数老板个人性格有情有义,觉得员工替企业赚钱,应好好报答,舍得分利给员工,日常对员工客气,绝少骂人,对高层多关怀,令到95%员工都死心真意替企业卖命。

(3)性格较偏激,老想员工不是,想少给钱多工作心态,心想,我付钱,你为我工作,天公地道,谁不欠谁,你稍有差错,挨骂罚钱,加班费能不付尽量不谈,膳食福利一般般,不顺心就解雇,我付得起工资,哪怕没人用。

116. 聪明人,今天做明天事;笨蛋,今天做昨天事;该死的人,将昨天今天的事都推到明天!

117. 很多高层管理人对文件归档处理很差,想用时,翻东找西,半天找不到，甚至遗失，不懂分档技巧。多用透明袋来分门别类收藏文件等。

118. 安排每个部长、主任帮带六名手下，将他们训练成才，自己才有提升的机会，每名被帮带员工四分之一工资作为训练费交师傅，为期三个月。

119. 小部分有20年工龄之领导都有一对慧眼去识人，凭其阅历，与对方谈话半小时，他第六灵感就可洞悉对方大部分性格能力。酒楼营业定位有四种：纯高档、纯低档、中高档及中低档。不可能高中低三个档次生意都做上，否则会不伦不类，客人不接受，以失败告终。

120. 做大事时不能斤斤计较金钱，思前想后、优柔寡断必误事，勇敢大手笔，人才是用钱多买回来的，一分钱一分货，相信有德有才的人不会乱来的，上任一个月就知能力，老总、楼面总监、厨师长这三个成功关键人物省不得，否则因小失大，表现成功便什么都值了，真不成时再换，不是聘进来就一生一世不走了，像夫妻一样，可离婚的。

121. 作为一个主管级或经理级，应做管理工作，在高峰时应站在楼面巡查留意包间或散客的客人举动，哪桌需要什么服务，如茶水、追菜、结账、有询问、来新客、送旧客，更重要是指挥那些埋头埋脑在撤台收拾工作中，欠正确分工技巧，管理工作就失败了。管理人将其该干工作不干，投进服务员收台工作中，力量只是一人，一个管理人的工资是服务员之几倍，不如多请几个服务员更划算。在忙碌中主管经理投进服务员工作是错的。但如来了新客人等台，管理人为其撤台收拾就正确了。管理人对包间服务亦同样概念，一定有一个人腾出来，现场指挥，看出来那些有迫切服务而去指挥下层去干才对，工作要懂得分轻重先后。

122. 人事部向面试者发问的9个问题：

(1)介绍一下你自己。

(2)你为什么喜欢这个工作？

(3)你有什么能力做好这份工作？

(4)你认为你的弱点在哪里？

(5)你对我们的单位有了解吗？

(6)你认为你做得最成功的一件事是什么?

(7)你认为你做得最失败的一件事是什么?

(8)你对薪金有什么要求?

(9)你还有什么要问的问题吗?

123. 与人做买卖,供货时留意,开始时说得头头是道“容易好办”,收完定金后就变脸,这不成那不好办,所以事前尽力查清对方信用好坏。

124. (1)细节代表你管理水平高低。如管理人看通看透事情各环节,在细节上安排妥当,不出问题,代表管理水平高超。

(2)性格决定你一生命运。如性格懒散、贪逸恶劳、不爱学习、脑不灵光,就会决定你一生都干不出什么大事来,劳碌平凡一世吧。相反,勤力奋发、干劲十足,干那行爱钻研那行学问,脑袋灵光,此人很快会出人头地,飞黄腾达。

125. 部长、主任平日要观察服务员工作,发现哪里老不见人,工作差,给予批评、开罚单、通知上级让下岗。这才是好管理人。好坏不说,怕得罪人,会令士气下降,遭经理处分的。

126. 称职经理要懂得调派手下部长、服务员将管辖区之服务搞好,告诫手下站岗有默契,怎都要留一个人,不空岗。深明他们优点缺点去安排工作,亲力亲为去巡查工作,有很强洞察力去发现问题,不辛苦,何来好成绩。

127. 凡试菜一定要邀请本地管理人二三人以上参与,他们之口味意见,才是真正当地客人喜爱,其他外省管理人口味不重要,不管名牌或正宗,当地人接受才是好菜。

128. 领导需懂收买人心,处事有时需用野蛮铁腕手段及开明人性化方法。

领导尽量不要与下属争那些无聊零碎事来做,高层是干大事的(孔明之死)。食物可以留住客人,人不可以。

129. 一般餐饮店辉煌时间约三至五年,不可固步自封,应跟潮流改革创新。

每周一天与下属开会研究服务细节，生意开发，员工心态，有什么要改善。

毛主席说：对问题不了解就不要扮专家，无资格发表意见，坐好来听、来学。

130. 总经理利用其威望，软硬兼施，平衡厨房、楼面、财务及后勤部门之矛盾，说服大家以大局为重，团结合作。产生机油润滑作用，不能偏袒某亲近的部门，令其他人有意见，影响整体运作，技巧挺高的。总经理必须拥有经营权、人事权、部分财权才能正常发挥。

131. 作为一个年青职业经理人不能上班见事做事，下班吃喝玩乐，不长进也。必须有做总结习惯，每三五天或十天半个月，将过去发生的事检讨一次，回想哪些有错，错在哪里，提醒自己下次不可再错，哪些人或自己做得出色的地方，用文字记录下来，每月阅读一次。这种习惯让经验心得，牢牢记住在脑中，随口便说出来，不靠电脑找，天天进步，三五年后变为行业专家，见到报纸、杂志、电视有些精彩内容，将它们抄录下来或剪存，这种习惯令你成为"思维独特，博古通今"学者。

132. 楼面要贴上二种牌："小孩年少无知，玩耍中乱走猛撞会生意外悲剧的，家长应多监管避免乐极生悲。"及"奉卫生局通知，宠物不得进食肆。"

133. 如有人不来开会说忙着，你可骂"你意思只有你忙着，其他人不忙，我不忙真岂有此理。其实大家都忙，但忙归忙，怎忙都要腾出时间开会，我不信你不指挥，你部门就完蛋。如真的这样就代表你无能，训练不出能扛半边天两个小时之人"。

134. 作为一个资深总经理应经常与中高层开会，内容包括：

(1)鼓励努力工作不是便宜了企业，是为自己将来事业走好，老板、同事、用餐客人三种贵人会带你飞黄腾达。

(2)讲做人道理：人性格有多种，有喜欢平淡过日子，讲究家庭温暖，有喜欢风花雪月，今朝有酒有朝醉，不顾明天。但自己要鼓吹重视出人头地，荣华富贵，衣锦还乡。让大家努力工作，增值自己，将来成为大老板。

(3)讲一些经营管理心得,创新菜色见闻,企业发展前途。增强开会意思,提高管理水平,再讲一些中外历史、时事新闻、国家大事,丰富他们内涵。

(4)讲一些因为黄赌毒而害到悲惨结局的案例,让大家珍惜健康、家庭、事业,远离坏嗜好。

135. 新来员工三个月后须考试,合格后加一两百块。事先跟老板谈妥考勤、晋升、加薪制度做法及有此权力。防止常跳槽。激发上进心。

136. 当上级要“卖下属人心”。一些关心日常起居饮食说话,小恩小惠,足以缚住下属跳槽之心,成本很低,可增强凝聚力。对小弟人性关心,当保姆,收为徒弟,做错罚跑圈或掌上压,不罚钱。何乐不为?

137. 老板最爱说这些话:不要将希望放在一两个人身上,应该在三四个人身上(西谚:不要将所有鸡蛋放在一个蓝上)。因为人是感情动物,情绪有高有低,突发事情会影响他变化的。今天他的好与坏不代表永恒的,人会变,月会圆,居安要思危,平日早作安排预备,变故时不致惊慌失措,不知怎么办。

138. 餐饮店生意走下坡离不开下列原因:

(1)出品味道欠佳,没特色菜,没吸引力。要去市场调研,做到人无我有,人有我精,做出两三个招牌菜,让客人冲着菜式来。

(2)销售总监,楼面总监及总经理的资历及能力未到位,触觉力欠佳。口碑好坏最关键,如被客人心中定了一个劣名声,就要改招牌,大换位才成。

(3)地方偏僻,开车来不便,停车不好停,保卫太凶,硬件残旧或落后等。

139. 我绝不委托大任于一个经常喝醉酒的人身上!经常醉酒的人乃属自我失控者。他连自己都管不了,怎去管别人?酒后一切旧恨新仇,公私秘隐,一吐无遗;甚至不分高低,恶语伤人,身份仪态,荡然无存;引来上司、下属不尊敬,醒来后悔莫及。到真有一天你因酒患引至半残进医院大修,在病床上想到家人及前途,你会后悔莫及,痛哭内疚。劝酒此风更要不得。喝酒应随人意,我本人更不愿意牺牲自己健康,去满足别人之快乐。喝到胃出血、肝硬化，才算有意思、够朋友，那是真笨。北方有句话“情在酒中”，真难倒我了。这种朋友不交也罢。我绝不相信总经理要天天喝醉，酒楼才有生意这说法。我绝不同意及可怜总经理为生意献出宝贵之健康。喝酒要适量，一杯起，三杯止。明知对方有心灌你，还喝。这么笨！若客人因你喝酒太少，真不光顾，这种客人不要也罢。除非你个人亦是酒瘾大，趣味相投，你不叫我，我亦想喝，互相喝个痛快才真。有些管理人上班以跟客人交际为名，饮酒唱歌为实。唱歌、饮酒应有一个限度，不能天天醉。醉一天，三天内头脑都没法完全清醒过来，处事会视而不见，怎管理。最讨厌跟自己下属嬉笑打闹，令到其他中层管理人不好做。心胸狭窄，有仇必报，顺我者生，逆我者苦，这种人不能跟我共事。

140. 老板之道："三军易得，一将难求"。当老板任命总经理时，即代表老总的能力没有问题，就应90%相信他，应亲自表态支持及要求全体员工支持他，对他的决策要有信心，这样总经理才可以发挥他所长。老板不适宜参与管理，因钱是他个人的，心理压力大，老总无压力，才能够胆放手去办事，如老板参与大家都听老板而架空总经理，变成老板争老总工作。这不代表老总大权在握，可胡作非为。老板亦会用制度及1~2名重臣监管日常操作。但老板应与这1~2名重臣（财务或副总）有一个默契，财务或副总不能公开否决老总决定，否则自乱管理。遇到有不同看法事情，应心平气和态度去请教总经理，因每个人之思维、经历及教育背景不一，谁有理或谁专业就要听谁。当然经常有不同的看法，外方老总看法如与一般管理人相同，那聘他来干什么，最终重臣对老总决策尚有所怀疑，可私下与老板沟通，属错者由老板向老总要求解释，真是错的，老板罚老总。我觉得这种方法是合理的。但如重臣经常为一些琐碎、模棱两可的小事向老板汇报，老板就应批评重臣，要求跟老板配合支持总经理。老板自己对亲信汇报亦要过滤一下，做出调查，鸡毛蒜皮之事不应向老总提问，否则令到老总怪老板不会做人，心淡、泄气，降低积极性。多数老板只是财务由他亲自任命，其他职位一律由老总安排，因为是用制度去管理人属上策，如采购、保卫、库房等这种职位切勿称他为经理，否则是自添麻烦，收不了科，如采购由老板委任，大部分都难管，加上经理头衔更嚣张。应将采购这职位叫采购员，低工资，公开招聘，无后台的，由财务管辖下，每月由厨师长，财务人员一方派人在外作价格调查，汇报总经理。一般采购工作日久后，多少都会受污染，就一年一换才是办法。一个酒楼走顺后采购工作可有可无，都是打电话叫货就成。关系是价格及质量由财务、老总、厨师长共把关就可以。

141. 中日老板管理不同处：中国企业中，十个老板八个都是自信心极强，自以为最聪明的，主观不容改变，开会滔滔不绝夸夸其谈，一人堂家长训示，对不同意见者轻则讽刺，重则拍桌大怒，臭骂一顿，以后谁敢提反对意见。但平日常言最民主及爱接受不同意见，都属讲做不一。在日本企业中，一项决策的出台，要经过职工讨论这一关，工会力量庞大，日本人的创新，看上去多是小改小变，似乎没有什么大改革、大变动，正是这些持续不断的小改善，一步步积累成了大成功。别以为日本老板很笨，表面好像什么都不懂，征求大家意见，其实是令大家来支持自己的提议，提高执行力，来捧员工的场。有些老板总觉得别人不如自己，总经理之三权（经营权、人事权及财权）全掌握在自己手上，一人堂式管理，自己沦为老板兼雇员，与老总争工作，所承受工作量很大，属孔明之死，累死的，更有时效果不大好的，令到中层干部心中只有一个太阳，只要老板不发话或不签批，甚至连一两个老总级之说话都属可听可不听，中层拿老板做挡箭牌，各自为政，令高层工作带不满及没面子，间接影响工作顺畅。聘得人家当老总，三权理应放手，只要暗中派出三五个大内密探在财务、楼面及库房或采购，信人家80%，监管20%，接到密探报告，先过渡真伪或夸张，听原告证供，再低调找老总听解释，发现属针对私人行为，重罚告密人，属实则处罚老总，甚至收权或换人。这种做法谁能飞得出老板之五指山，老板不要接受员工未有与其直接上司咨询而直接找老板来定夺事情，应打发他先找上司谈，上司之回答不满意才找老板，否则聘经理来干什么。我个人认为老总及专家对一线小事操作较明了，很多时候老板决定不如他们，大事则由老板咨询智囊团才拍板吧。

142. 高管收入与经济挂钩看法：大企业想聘用精英，多数先付一笔可观"转会费"再给高工资，给房、给车，比例很高之年终分红，才能罗致行业中名牌精英加入。要应聘者答应达到利润指标才给挂钩工资，精英们绝不理睬，只能招到两种人：

第一类：行业中臭名昭著，走投无路，对极低工资也不在乎，落脚再说之人。

第二类：行业中五七年经验新手，一腔热血，想干一番事业，不计较钱亦来。

招来这两类人，工作至半年就凭走势知达标与否，好业绩者干下去，无机会者骑牛找马吧，便宜没好货，好货不便宜。这种条件等于社会上百万年薪招聘一样，达标才给，两三百万都可以，实属自欺欺人，招不到能人的。有经验之总经理不会答应保证企业年底赚多少钱，因为一年中来自政府部门（严打、加税、保险）、世界经济（瞬息万变，好坏都有）、天灾人祸（非典、禽流感、传媒曝光、新增强大酒楼开业）之变数太多而影响业绩，如是人力不可控制的，谁都不能怪。丰厚业绩分红是够吸引总经理去拼搏争取了。

143. 55 岁至 68 岁是人生智力高峰期，但不是每一个长者都是，大约只有 20% 懂得检讨做总结习惯才能有此能力，"经验丰富"是美言，说实话就是前雇主为你交了不少学费换回分辨出一个做法是有效或害人的叫经验。半专业者只能看到事情之表面对与错，专业者却能看透事情内里的杀机与商机。

144. 一个管理人做十件事，有八件事做好，有一两件做砸了，都应该算不错。因有些过错非个人能力可控制的。来自厨房及楼面上几百员工，不可能每个人都天天不做错事，只能稍作批评两句便可，若真动怒，月月换人都换不过来。但有一点作为管理人亦要考虑。老板发你工资，让你养全家，是你衣食父母，若老板有点过错，骂错了，管理人应亦互相理解，大化小，忍了它吧，员工双方都无完美的人。

145. 想有学问必须懂得问，禽兽不如人，差在不会问。智者问得好，愚者问的笨。发明与学问，只在百事问。

146. 算得精，无人才志士归附；算得明，无知己朋友可交。老怕别人占自己便宜是很累的，只要能成大功，别在乎小小，成功后，逐步调整。若斤斤计较，步步设防，办不成大事的。总经理认为如果老板待我一般，忘大功，记小过，视财如命，斤斤计较，我亦会对他一般，但会遵守职业道德，表现对得起自己工资，若外面有好的机会来临，毫不犹豫，找个借口，辞职跳槽去。要是老板对我心诚讲信用，爱听专业意见，平日小恩小惠，我自然会鞠躬尽瘁，事事为公，忠心耿耿，外界名利不动摇。安心为企业效命。

147. 餐饮店经营成功之道：

(1)首选地方环境有派，包间70平方米以上，有厕所，有备餐间，装修有特色、有文化，包间每个不一样，来十次都有新鲜感。客人大多喜新厌旧。

(2)客情：必须能言善道这类高层伺候着，服务员要健谈，懂拍马屁，就什么事都好说，服务规范是次要。

148. 评价一个新员工的好坏决不可在三天内就下判语，是不中肯的，员工新来不懂行犯错是合理的，领导的教导后再犯才是他素质不佳问题。

149. 总经理聘人之道：宁在北京拿8千，不愿在广元、兰州拿1万，因员工感觉晋升前途小、名气降低、交际圈缩小收窄，朋友少见面，寂寞。用人只付市场价，回报效果只会一般，令你操心，令你生气，多给20%赏心合意，少生气，一分钱一分货。

150. 总经理多年累积经验证明，凡新开餐饮店或酒店要求做全年营业计划，大部分都属自欺欺人，不实际，实现不出来，因为店开业后需一年左右探索，调整，才能定出企业该走道路，做出之计划才算正确实用。开业前后做之计划都是门脸功夫，对付外行老板用的，所谓计划赶不上变化的。

151. 接手餐饮店管理成功之道理：

(1)以人为本是硬道理，首先找到个能人总经理，他会替你组织一个能人团队，有厨师长、餐饮总监、营销主管、财务主管、后勤主管、年轻能干助理，他们上任后会调教不懂行的旧员工，清除烂苹果，注入新血，三个月至半年就会转亏为盈。

(2)能人总经理作用就是镇店掌舵人,让管理人感觉是靠上一棵大树,有安全感,有归属感,好好发挥大家特长,将企业搞好。

(3)每天亲自三次上下巡查,发现毛病,找来楼面、厨房、后勤、财务、营销有关负责人开五六人小组专题会议,指令分配两三个改善方案,四小时后让助理去跟办、询问改善进展情况,该鼓励或该表扬;该批评或施压。不要小看每天两三个小改错,小改善,持续两三个月,天天进步,能转弱为强。

152. 作为老板应定出一套留住人才分红方案,否则将来成功后团队会被人挖走,世界上没有永远朋友或敌人,只有永远利益关系,足够利益可化敌为友,朋友变深交。对金钱看得重是不智,一定要明白轻重之分,做大生意时要明确一个硬道理,有几个专业人才才能成功的。

153. 在香港基本95%都是老板兼任总经理,就算挂老总名衔都不能插手管财务或采购,都是老板定下潜规矩,所以香港大多老总对财务知道不多。

154. 有些老板不愿放三权(经营权、人事权、三万财权)给总经理,常说要这些权干什么,利用现有资源做出好成绩出来,自然有权,但老总反驳:无权、无钱、什么事都办不好,互相围绕先有鸡,后有蛋之争论。结果总经理只好另觅新工作。我个人认为无三权支持是无法干出成绩。

155. 高管有两种看事方式:老板派两个人去非洲观看卖鞋前途,悲观者报告:非洲人不穿鞋,无市场,赔钱的;乐观者报告:非洲人想穿鞋都买不到鞋,市场无限,发财了。做事只要动脑思考,有时可以把危机变成商机。黑白分明事情,可采用灰色做法,效果更佳。

156. 要求下属管理人及员工常收拾整理,放一两年都用不上的东西要舍得扔丢,好处大于坏处;常搞清洁卫生,留意死角卫生,厕所卫生,厕所干净代表管理有水平;常用标签方法去增强效率,特别是厨房、楼面、维修、库房等部门,标签分明,取与放回方便。

餐饮名言:留意细节代表管理能力是高水平的,后天努力可改一半;性格决定你一生命运是好与坏，缺点性格很难改，只可改变三分之一。

157. 五星酒店是重学历，重专业性的，口讲无凭，要求白纸黑字，严格按制度办事，各大部门领导都是大学本科，有学位，如财务、人事和工程等，在他们眼中厨师长、楼面总监学历不高，由基层做起而轻视他们。酒楼则注重生意为上，办事灵活处理，口头指挥，少白纸黑字，后勤部门是配合一线部门（厨房及楼面），酒店管理不大认可这道理。

158. 酒店与餐饮店经营上大不同地方：

酒店可以说是零成本，属一次性投资，不像餐饮要买肉类蔬菜海鲜，聘厨师来炒菜，专业楼面人员来服务，才能赚客人钱。当然会发生一些洗涤床单、被褥、洗漱用品、水电煤费用，各部人员工资福利、租金、税项、维修保养等，但这些不能叫成本，只能叫费用，酒店营业利润是占营业额50%～55%之间，而餐饮营业利润则只占15%～20%之间，内中多了厨师班、专业楼面管理人工资这两大项高支出。

酒店只用一半服务员，少量管理人便可解决。餐饮面对客人细微服务达3～5小时之长，客房则一个小时简单服务便可，不过餐饮营业额是客房租金三四倍以上。

159. 总结很多老板都爱“老赖”，事前答应，但不签名，事后不认账，还翻脸骂人，这些老板，自己应衡量环境好坏百分比。若有好机会，跳槽发展去吧。

160. 总经办是大脑，想出良策。管理人是双手代表执行力，基层是双脚代表劳动力，手脚配合才办好事。执行上级决策靠不断跟办不是传话，管理人不去跟办事情等于有手无脚，怎办好事情。聘管理人何用？不如直接传令基层，我不接受“我跟下面说了，他未做好不关我事”的解释。管理人承担主要责任，基层次要。

161. 员工不免会“趋炎附势”，生意不好、名声差、收入低、无吸引力、招工困难，因为弱势；直至生意兴隆、名声在外、收入高、大家主动投奔而来，招工时，可以不好不要，因为强势。

162. 一般老板要求利用现有资源,将生意做强做大自然有权有势,总经理认为不让有足够人手,设备买齐,无法将生意做好。这就变成先有鸡后有蛋或先有蛋后有鸡争拗。

163. 凡 100 万以下营业额,工资额比例一定超 25%,因麻雀虽小,五脏俱全道理,必须有基本人手才能将生意做好,当超 100 万时,比例就会下降的。

164. 刚开张,知名度低,好坏未知,去撬别人名店的熟手,人家是不敢来的,除非大集团,著名连锁店。所以必须靠自己培养中层及基层,但现今 90 后,好的去了大城市打拼,留下的进了名店,剩下的要钱多,不能吃苦,要离家近、正常班,素质笨,无责任心,不能骂,要食好住好。要花好大心机来培养的。

165. 若总经理有水平,在筹建期中一定要安排厨房在开张前一个月交付使用,令厨师班有一个月磨合期,对组班、试菜、训练磨合起很大帮助,令开业后厨房预备工作做足,事事顺利,成功机会大增。这难度挺大,非提早 4 个月起动才成,找来三家厨具供应商让出图布局,报价、格价、拍板、落定最快一个月,生产一个月,运输半个月。安装、试火半个月,让厨师班磨合一个月,非预先 4 个月时间不成。否则开张前几天才交付,导致诸事不顺,错漏投诉多多,成功机会大减。

166. 灵活动处理特殊问题例子:

同一个问题有时会有几种不同处理方法,要审时度势,加上点人性化,不能按章办事,特训的事要特别办,见招拆招。

迟到有三种情况:惯性迟到;从不迟到;不常迟,有合理理由,有背景。

客人拒不付账有三种情况:熟客或大客喝多了;店方员工出错;无理取闹。

提升一个员工有三种情况:员工年资长久,但表现平平,不想提升;上任仅三个月至半年,但表现突出,破格晋升;有资历去提升但他本身缺点亦不小,令不敢提升。

员工犯错有三种情况:(1)方便自己而得罪客人。(2)想帮助企业而犯错,如私下维修东西,答应客人为多订座增加生意。(3)恶意而犯错个人素质差。

167. 只要认同发展方向,在开始时肯定会遇到困难阻滞,必须有信心,有毅力,别放弃,今天明天辛苦,后天太阳及彩虹会出来的。

168. 大家一窝蜂去做的事要警惕危险,别人都恐惧某种事时大有可能是发财商机,搞餐饮工作接待顾客是很简单容易的,但能长期保质量和热诚心就不简单不容易了,像做一两件善事容易,一生都做善事难也。

169. 大丈夫做事要有强大野心,做到尽量不要稍有甜头就满足,如日本偷袭珍珠港打沉了几十艘战舰就停止进攻,像小偷进了富豪家拿了几件财物就乐坏了,匆忙离去,无出色;日本欠再进一步炸掉山后之造船厂及汽油库,美国就二三年都翻不了身,不至半年就回气打败日本。

170."静水流深"代表溪流水浅便发出潺潺之声音,深水河流无水声,即代表有学问之人很少滔滔不绝发表意见,半懂之人反会呱呱叫,大番理论,这说话不是全对,只对一半,我认为有学问之人不爱表态时是欠缺知音,看不起对手所以沉默,到高手相遇,便产生酒逢知己,诗向会人吟效果,有时双方表态看法会互相得益,从谈话中探出更好主意的。我对城府深之人保持防备心态。

171. 三人行必有我师焉,择其善者而从之,其不善者而改之,什么新菜色,新经营手法,天下文章一大抄,抄来后不要照抄被人笑,借为灵感,动脑精益求精,不合意者改之,又变成自己新创作了。

172. 每个历史名人佳句,警世格言,书中文章,都不是100%全对,不能全照说法搬去实行,要知每个决定都有其小部分漏洞,反作用,所以要审时度势,灵活借用才成。

173. 老板与老总,员工与客人,必须看到有问题时应和颜悦色去发问究竟,互相沟通,很多时对方做法并不是想伤害某人,多属误解,大胆发问,别埋藏心里,否则各走极端多不好。

174. 男人想成功必须"勤奋"及"用脑"，勤代表勤快，老板见到员工勤快，当班率高，谁都爱聘用，奋代表奋发学习，很快成为专家，自然可晋升。平步青云，当上老总，小老板，最后大老板。

175. 干餐饮业是靠有一帮好团队，才会成功，不要盲目做大，不是你要想有多快就可以多快，快中要稳，否则冲进海里。

176. 老板要求做三五年计划是自欺欺人的，只能供参考，安慰自己，做生意要经常留意营业走势。市场信息万变，人才常有自己想法，所以把舵者须适度调整方向，特别是新开业，要运转一两年才能摩出一点规律，做出计划，俗语说计划赶不上变化。

177. 近朱者赤、近墨者黑。人以群分，物以类聚。靠着好人成君子，跟着坏人成盗贼。孟母三迁都是怕孟子被附近恶劣环境带坏。

178. 客房在200个以下，包间在30个以下，规模不算大的时候，切勿学习名牌五星大酒店那套，用什么人力资源部总监，财务总监等这套，这是华而不实，管理人冠了这种高职称就以为自己了不起，摆出高层之架子，不爱上一级督察。其实五星级大饭店之上述职位要求是大学毕业，有什么MBA工商管理硕士名衔及ACE等名衔，每月工资是几万元以上，全是真材实料的。规模不大企业学来这一套是弊大于利，员工冠上经理级便以为自己是人上人，大官员作风，所以我不随便给经理职称与财务、库房、采购、维修、保卫等这些部门，给个主管便够了，纵大了收不回来。

179. 坚持开早会令各部主管晚上不敢疯狂至太晚，本人深信12点、1点不睡觉会令健康不好，晚上9点让楼面总监及厨师长开检讨会是怕二人提早走去享乐，责任心不够。

180. 作为一个总经理对打折这种事，一定要抱着可免则免，对客解释做一千元生意，刨去五大费用，工资、租金、水电煤、税项、日常支出，老板拿到之利润约为15%左右，若打个九折，只剩5%，打个八折后就要赔个五十元，老板不将我们下岗才怪，所以我个人对用六八折来争取卖卡方法有不好想法，尚有卖卡者须提成，感觉这企业经济上有问题，着急用一大笔钱做某种用途，成功就赔点都不怕，失败后企业就要倒台了，因这种套现金方法是卖十万卡会赔三四万元，卖多赔多，属饮海水止渴，迟点“死”吧。短期有效，长期死定的。

181. 某些老板自负，自尊心强，不识宝，又不能为大局着想去容忍那些刚直，有能力之老总，而用上这些能力不够的老总，他只会挑些小毛病，至于劣势经营，定位发展尚不够资格，但事事会向半懂行老板请示，自己不担责，有错推责老板，聘此种人只会祸害企业，怎会带来辉煌，但老板往往喜欢这种奴才多过人才，自毁长城！

182. 达到最佳时机，不会做最佳行动来获取最佳收获。（提到鹿不会马上脱角，入了宝山空手回）。例 A，一个小贼进了富豪之家，因心虚害怕，只拿了几件宝贝就逃跑了。例 B，日本偷袭珍珠港时只发动二轮攻势就满足害怕而收兵，没有发动第三轮轰炸后山之造船厂及油库区，让美国在半年时间就回气反击打败日本，如实行了第三轮轰炸，美国最快都要在一年以上才有能力再战。

183. 观微知性格：

（1）观看他交什么朋友便知其性格，近朱者赤，近墨者黑。

（2）知人要多看一两个月，路遥知马力，日久见人心。

（3）观看其私生活、嗜好、做事作风、说话流氓气、逻辑学、专业性。

（4）买东西时是否精明，讲价，冤大头。

（5）打麻雀知道人品。

（6）看面相亦可知人心。

（7）看签名及字体亦看透多少其性格。

（8）看喝酒亦猜到对方性格多少。

（9）看开会亦表现其能力才干。

（10）打出租车到目的地前预备好车资，懂未雨绸缪。

（11）观其对老板忠心度、“孝顺”度，仁爱粗暴度，诚实信用度，对朋友义气度、野心上进度、大方与抠门度。

（12）不爱说话，城府深，令你猜不到他想什么，此种人会做出惊天动地的事情来，有时挺让人害怕的。

（13）说话刚直，多言，脸皮薄，交友不错。

184. 富贵险中求，做生意谁都不能保证实盈利，经常有意想不到事情发生影响经营效果，如世界局势、金融风暴、国家政策有变、火灾、瘟疫、门前修路，附近开了名牌店，客人争执出人命，股权转让，老板干政等原因都可。

总经理责任及实务

一个总经理之表现好坏占了企业成功因素65%。凡股东投资过千万者,不要节省一年多十多万。找一个五星级总经理,成功机会达90%,好总经理每年可能盈利一千几百万。不好的会赔钱,亏钱小事,会令整个企业声望完蛋。所以记着吃小亏占大便宜。总经理的丰富经验,令企业少走很多弯路已超值了。

香港本行有句行话"力不到不为财",意思是说总经理须亲力亲为,无法遥控,所以搞餐饮是赚辛苦钱的,如大老板亲手自坐镇,付出精神时间与收益回报相比,是不合算的。

总经理到任最适当时间,是股东之间谈合资组公司、还未签合同就应参与。可以提供资金用款计划,资金回报分析,企业每月费用,经营方针,定出资金到位要求,租房细节要求等。是一个关键时间。他之专业意见很重要,每句话都值一百几十万不是夸大,因设计师以美观艺术角度去设计,但设计与实用有一定出入。半外行人如老板或总经理看不透的话,会损失巨额金钱及遗留棘手问题,带给后来经营者不必要麻烦,甚至无法更改。

1. 企业选总经理都希望他有下列条件:

(1)仪表非凡,言行举止有派,有煞气霸气,能镇住企业,客人及员工。

(2)知人善用,懂收买人心,凝聚力强,德才兼备。

(3)在餐饮行业上工作多年,有一定良好的业绩及名声,遇变不惊,反应力强,精明能干,思维独特、博古通今。

2. 总经理要对楼面、厨房、装修、土建都有一定知识,筹建开始,面对平面图,就要定出一个不能错及内行之布局裁剪。正门、员工通道、营业厅、贵宾厅、后勤各部门划分井井有条,面积大小合理,图纸一出,要改就得花天文数字,装修商人就乘机拖延工程日期,令你不好改,所以总经理说错一句话,可浪费几十万，说对一句话，节省几千上百万，这是千真万确没有夸大。筹建酒楼是因当地风俗民情、地理环境，千变万化，不是两三年就学会。聘有经验总经理可以连餐厅经理、厨师长都押后到开业前两个月才到任，因他们之工作总经理亦可代替。省工资住宿几十万，筹建出来效果好，接手经理者有福，工作愉快。

3. 在筹建期间，督工很重要，经常图纸与现场效果有出入，所以总经理在场做决定很重要。要协调土建、装修、空调、音响、厨房工程。组织人事部招工、培训干部及员工。定出各部门规章制度（如财务、人事、采购、仓库、保安）办妥当地有关部门手续，领取各类执照。都要有一定知识，大家才佩服你，听你指挥。很多总经理只懂厨房、楼面细节，对财务、库房、采购是略知一二，除非当过股东或执行董事才能接触财务处理细节。

4. 在饮食行业中有一定威信，能物色一批好厨师，楼面及后勤管理人，总经理个人英雄不够，一个英雄三个帮，没有一帮各部门骨干，亦不能成功，这批手下要以技术好、少坏习惯、事业心强，搞好当地员工关系。令当地员工觉得这帮人，工资虽高，但有才能，愿意服从配合工作。

5. 经过深入市场调查，定出一个不能有错之经营策略，计算企业成本。

做出菜价，如何又省钱并效果好之宣传，怎样打开局面，将经营策略知会董事局，向股东要该年度纯利指标，能提供流动资金多少，并提醒开业创牌子时间需 2 个月。要说清楚达到纯利指标奖金多少，多少人能分，超标后奖金率又提高到多少。白纸黑字，以免日后争论。以后要求董事一个月来了解一次，达到以指标，工作不过分，就不能太干扰总经理经营。

6. 在开业期间，站在一线指挥，让服务、出品好，管理达到水平，经一两个月，前厅、厨房、后勤供应走顺后，客人就会一天比一天多。当然创业难，守业更难，要不断检查改善工作，令企业在正轨上经营。总经理要老板授予经营权、人事权及财权（1 万元以下总经理同意后财务、采购可执行）日后如出错两次以上，老板可收回财权。

在创业期间全体员工都忙于工作，是非斗争少，到两三个月后时各方向稳定走顺时，扎针、是非就开始出现，但往往是非总是出在后勤十个、八个人身上，厨房、楼面一天忙到晚，都顾不上斗争，所以宁管理前方二百人，不愿管理后勤十个人，一般是非出在人事、采购、经理、财务、仓库之不大不小头头身上。是是非非，什么员工反映，有意见，一派胡言，令到鸡犬不宁，治本办法，一听到谣言，追根问底，双方对质，抓出造谣者，处罚一两个人就安宁。

7. 总经理每天需主持各部门主管例会，星期一至五，周末休息。这个会非常重要，酒楼每天肯定有三五七件大小事须处理，小事处理不好或耽误会变成大事。会上亦考验你个人威信，能否镇住各部门之大鳄。所以自身应：

勤快以身作则，脑反应快，眼利，有错即改，有事马上解决，不拖延，处事尽量公道。私生活正常，令到股东和上下员工对总经理，充满信心，产生英明领袖印象，心服口服去配合你工作。

每天最少巡视各部门二次，要眼中有活（洞察力强），留意餐厅厨房死角卫生，楼面摆放布局，人事出勤情况，维修保养表现财务收支审查，政府部门法例抵触处理。

晚上睡觉前，在床上抽半小时思考店中问题，夜深人静时，灵感特多，床头放纸笔将事情记下。早上起来按笔录办事。

8. 总经理在经营期间，要多创造机会，培训当地员工成材接班。到一定时间，外地及外省雇员就应分批减少，减轻成本，提升当地员工对企业士气在有好处。经营责任：

(1)每月厨房成本不能超过45%；

(2)保持酒水食物综合成本在40%；

(3)总毛利在60%；

(4)税前纯利在15%（租金10%，工资20%，什费及税15%）；

(5)控制采购人员进货价，不比一般正常价高。

(6)不可出现严重顾客投诉，罢工、火灾、卫生、伤亡事故，被传媒曝光。库房或财务室被偷窃。

做妥上述工作，就算在经营上过得去，对得起股东。

9. 总经理之死穴是贪污，只要有第一次，便会有下一次及永无止境，像吸毒一样，戒不了的。近十多年来之投资者进步到比谁都聪明。受贿是自毁前途，必死无疑。想盈利之老板及老总大多数必须有三大条件：

(1)处事硬朗，别做好人；

(2)精打细算，头脑精明；

(3)干劲冲天，魄力过人。

10. 李嘉诚能预测五年后市况，有能力之酒楼总经理亦应有远大眼光，预见自己企业三个月或半年后之前途，包括营业趋势，财力，人才去留，增补，有先知先觉能力，事前做出安排，别等到事情发生，老板问到时才去对付，争取主动胜被动。

第二章

中层管理人实务篇

如何应对客人的各种投诉，如何应对客人的各种刁难，如何应对餐馆的各种突发事件，这都考验着中层管理人的社交处理能力。如果处理恰当，就能让头回客变回头客、回头客变忠诚客。反之，如果处理不当，客人就会投反对票，拒绝登门。因此，恰当应付各种突发事件，是中层管理人必须掌握的一项本领。

中层管理人员管理技巧36条

一、公关管理能力

当管理人必须有两种能力，就是公关和管理，如两种能力都具备，就是候补总经理人才。但想当好管理人必须两者有其一才算称职。

公关能力就是一见客人进门，热情冲上去，叫出他的名字，小嘴甜甜，能将树上小鸟都骗下来，将死的说成活的，能喝酒搞气氛，留住老顾客发展新客人。

管理能力就是有良好管理技巧，有敏锐的洞察力，有很强的执行力，能震慑恶人。

二、精英强人外表

聪明管理人一定要将自己打扮一下，才能站到楼面迎接客人，挺胸收腹，面带微笑，眼光四射，耳听八方。不要习惯蹲在地上，坐沙发越坐越低，摇脚，抽高一只裤脚，这都影响仪表。

学问当然水准越高越好，如学问不足，有空闲时少睡点，亦要自修，因为高文化能带给你对世事多了解，言谈内容丰富，别人跟你谈话能从中获益。这样别人就会尊敬你，多看报纸、杂志能多了解世事，能应对各行业客人。

三、经验足爱钻研

本行工作经验当然是越丰富越好，还要有天分，悟性好，否则外行领导内行，中下级不服气，一个人工作了20年并不代表他就有才能，如他当班见到什么干什么，不爱动脑钻研，可能他还是一知半解。也许，一个干了10年工作的人，他的知识及成就比那个做了20年的更卓越，因为他热爱工作，爱钻研，很强洞察力及细心。我们尊敬一个人是尊敬他才能及成就，不是他年纪。仔细观察上司下属及四周发生的事，都能学到新东西。做人应做到老，学到老。

四、私生活需谨慎

管理人一定要保持形象，不占下属便宜，不跟女性下属在外有来往，以免嫌疑，女性嫉妒心强，容易误会，保持一段距离。如经常看到你女伴太多，夜夜笙酒，吃喝玩乐，员工会看不起你。不能赌博，赌博赢了钱，想着再赌；输了钱，没心情，筹钱还债或再赌翻本。下属更看不起你，不服你，不跟你配合。老板怎相信你尚有精力替他管理好企业？饮酒、赌博要适量，老板用人希望德才兼备，品德先决，才能次要。管理人越高级越要习惯寂寞。跟下属有点距离，不能跟下属天天吃喝、打闹，否则就没法管人，你的下属就不怕你，越高级，距离越远。你只能跟同级同事往来。

五、以事业为重点

十个老板九个都喜欢其高层管理人全天候、风雨无阻投入工作，将家庭亲友，私人交际应酬放在第二位。

不断增值自己，配合企业发展，目光远大。不要老想着放假，到点下班。一个月放两天足够了，应早来晚走，放假都回店巡视，肯吃亏，下班手机不能关闭，随传随到，才能受重用。

六、内外人际关系

一个黑白分明、疾恶如仇的人只能当二把手，当一把手必须懂得看大局，平衡各方面利益，懂技术处理（妥协），敌人形势强时会忍辱负重，大智若愚。不同环境或不同形势会说不同的话。即要灵活，否则死要面子活受罪。当然要看事情之轻重。什么时候值得忍，什么时候该强硬。在交往中，还要做到以下几点：说话懂礼貌，有分寸，懂得适当表扬赞美别人；应懂“你对人好,人未必对你好,若你对人不好,人肯定对你不好。"总结:主动先对人好;不要只顾自己利益,要多考虑别人感受。以能互换立场去解决问题双方都能接受,才能受到敬重;有大将风度,容人之量,对方有错,不要赶尽杀绝,说话留有余地,留台阶让对方下。

七、切勿官僚嫉才

有些人明知事情紧急,自己又做得到,但爱打官腔,按章办事,不爱灵活处理事情。通知亲友他在企业当高职,电话多,到访多,拿公司利益联络友情,迫手下进贡或干私活。自己人出错,低调处理,出事后攻守同盟,将有才能者长处淡化,短处夸大,打击别人在老板心中印象,怕别人将自己取代,又怕失去老板宠爱,更怕下属跟老板说话中扎针,不让下属有机会发挥其长处。这都是不对的。

八、对店忠心服从

所有事情应以店的利益为中心来办事,当自己亦是老板来处事,工作中不浪费资源。店定下来之任务或工作,不论合意与否,都要全力去完成,并监督别人去执行。老板不接受生意受外界环境影响作为借口,定时发起各种竞赛来鼓励士气,推动各人达标。当发生什么意外,要勇敢去保护店财产及领导。举例当厨师长跟老总在办公室研究新菜,厨房因头不在懒散失控,出不来菜,楼面管理人怕厨师说他扎针,不敢即时向老总或厨师长打电话,时候遭投诉引致厨师长及老总生气,楼面管理人亦遭处分,罪名:轻重不分,好心做坏事,对店忠心不够。

九、树立自己威信

威权:有职有权,无职无权,是被授予的,受时间地域限制。

威信:靠个人思想及魅力,言行表现去产生,是无穷无尽,一种光芒去指挥影响别人,心甘情愿配合你工作,皇者风范。

怎样才能产生威信:首先给员工一个勤快印象,工作中证明你有领导能力,并关心爱护员工,教导员工成才。然后要有高尚品德人格。

十、训练下属接班

老板希望我们能培育出接班人来,一般人很难有这样的大度,他们害怕教会徒弟无师傅。但想深一层,并不是这回事,教别人各方面技能知识不是太难,学员并非一教会就能上手,知道容易,进行艰难,必须泡浸二三年才有一定火候,届时你亦水涨船高,你又会晋升到更高层面,学员要靠自己实践一段时间才能达到一定水平。助人成材,施比受更快乐。一个部门领导个人能力强是不够的,需要让弱者变强者,部门全体员工完成任务才行。

十一、处事沉着冷静

当下属们有时向你投诉某部门或某人的不是时,不要急于行动,要保持冷静,哪怕你当时很生气,但要按住怒火,因为下属们说话有时夸大事实或都是听来的,或本身亦有不对地方,所以你应先听双方解释,否则胡乱“发炮”,骂错人,影响自己威信。回答客人投诉时应万分小心,不要让他们抓到话柄,断章取义,特别当自己生气时,更加留意,不要说斗气的话。处理问题以大局为重,忍一时之气,免百日之忧。让步不代表无能,鲁莽的人才不懂让步。当被上司批评或与同级因公事各有不同意见时,切勿在公众场合争吵,有失身份,被下属有机乘。更不可逢人诉苦,哭哭啼啼,有损管理人形象,应找能解决问题之上司投诉。否则将事情弄大,通天后不好处理,想大化小,小化无便有困难。更不要随便说我不干或辞职。因管理人说出不干,再干就不好,特别是老板对辞职威胁很反感,经常无弯转。

十二、处事公正敢干

处事先听取大家意见,但需自己全面思考,最终由自己智慧决定,拍板后要果断,不受他人说服而更改,否则被笑没主见。处事要对事不对人,私人恩怨不能放到公事里,尽量做到公道。不过有一句格言:世界上是没有绝对公平的。赏罚分明,不要拖拖拉拉,坐言起行,重视时间观念,办事讲效率,要快。作为一个领导,一定要胸襟宽阔,有容人之量,不要因某下属有才能,但他不会奉承你而埋没他或贬低他。这个量度难度很大,不是一般领导能做到。路遥知马力,日久见人心,一个人的好与坏及他的才能不能因初次见面,干了一两件漂亮工作就太抬举他,应多观察一段日子,再下判断。仁者不带兵,不要被眼泪求情打动,员工经一两次批评教育无效,就要开除,对别人仁慈就是对自己残忍。

十三、敢认错不包庇

部门与部门、组与组之间经常因工作有矛盾,作为部门管理人应互相谅解,不要跟下属一般见识,忍让不是代表懦弱,要勇于承认错误,承认自己或手下犯错,这不是很丢脸,相反,勇于认错是一种勇敢行为,不要有推卸责任的坏习惯。大丈夫做得出即要负得起,人谁无过?错后肯改,才是真君子。经验丰富的人亦可说他犯错误最多,才成为经验丰富。当上司责怪你手下犯错,身为管理人切忌当场否认或替部下诡辩,应先查实再回复,这样上下级关系就融洽,否则手下犯错,你跟他护短,矛头变了指向你,所以我们要明白当上司心态,你这样他怎么下台?除非你百分之百清楚事情来龙去脉。

犯错不应只知埋怨下属不是,以为处分下属后便当了结,上司应负上平日教导不足、指示不明的责任。重复出现之错误,代表管理人在首次出错后不召集众人,警惕大家不要再犯,导致一错再错,负上不正视问题之责任。看不出问题,不善解决问题并将问题推给上级处理,是一个素质不合格之管理人。高层要求下属工作中出错,不得隐瞒,必须马上汇报,上级必须第一时间知道,让大家想办法补救。否则隐瞒者自背责任。

十四、破传统,敢创新

成功酒楼三分之一是年轻及半懂行的人来领导,很多成功点子是本行资深老总都知道，但不敢尝试，他们往往被行业规条及习惯，影响其思维及决策，跳不出框框，创意不大。那些“初生牛犊不怕虎”的年轻人就是勇于创新而成功、带动其他后人跟风的人。

十五、恒心耐性管理

管理有如抓飞鸟，抓得太紧就会抓死它，太松就会让它飞掉。应松应紧自己去把握。有时出了一些常规通知，要求员工遵守，开始风头火势，雷厉执行，人人会遵守，但过一段时间，见你松懈下来，又故态复萌。所以久不久要发一轮脾气，让他们警惕，每发一个命令或通告，他们最多只能维持七天，七天后又要重提。人是天生惰性，没有压力是没法提高或改进他们的工作效率，第一次教育，第二次严罚，严罚是很有效改进他们工作质量的。对他们仁慈就是对自己残忍。管理如吃饭，今天食完明天又食，天天都有事干的。

经常巡查服务员开出之单，能否快速到达传菜部，传菜部出菜有否阻滞，米饭质量怎样。有问题立刻抽调人手临时帮助十分八分钟，解决完才回楼面。包括楼面人手调动亦是。越是生意清淡越是站在第一线。因人就是这样，生意滔滔，人就会自动自觉去做；反过来，出问题就出在不忙时候。清淡时反要留神。层级金字塔管理方法：高层一个管三四个，中层三四个一个管六七个，基层六七个一个管八九个。

十六、说话有根有据

投诉必须说明事实，如跟厨师长说，客人说近来菜做得不好，厨师长会要问你说出哪天、哪台、哪菜，什么地方不好，说不出来厨师长会生气骂你。所以向领导汇报不要人家说什么你就说什么，说话要负责任，免被人反问得哑口无言。别人向你反映，希望你往上报，更要小心，取得详细内容，自己过滤一下，才可上报。资料太简单会被上司讥笑“人云亦云”。

十七、责任心不信人

在工作中不要全信人，全信人是一个错误。五六十年代信奉“用人勿疑，疑人勿用”格言。到八十年代这句话已不全适用。因人的素质跟过去不一样，因我认为用人，只相信他 80%，绝不可全信，我会暗中了解或检查。当部长交代任务给手下，一定要跟进，到了上级追你，处分你，你不能推说冤枉“我已叫他们做，他们做不好，跟我没关系”。这样说不成，部长有责任去跟办服务员完成工作否。我们批评部长这种管理方式叫“传声筒”，否则企业可以省了一个部长位及工资，由经理直接通知服务员便可以。过分相信你手下，肯定会害死你，因人的工作情绪有高低周期，可能各方因素影响他，甚至会做出瞒上欺下表现，经常追问了解手下办事进度。这样下属办事会更加卖力。更要小心一些主管在你面前说得特别漂亮。工作表现亦不错，但不要被他蒙骗，他还有不好之一面，世上无完人。虽然他功大于过，应不能过分批评他。但有意无意中点醒他，否则他之坏处坐大，就不好处理，还要求手下办事时懂得“有回有报”精神。

十八、支持上下管理

切勿在公开场合去批评你之副经理或主任，否则影响他管人的威信。应找一个安静地方，关上门，要打要骂都可以，否则抗拒性很强，适得其反。有些总经理觉得很骄傲地说，某某人谁管都不服，就是服我，经理主任批评他就挡回来，我一出声，他就低头服从。这就是管理上一个大毛病，养成这个习惯，企业就失去控制。表面上总经理很威风，真正是很失败。因为站在员工立场，只怕一人最好，总经理又不常在，一不在就目中无人，不受人管，主任经理靠边站。应支援下属管理，当上司切勿喜跟少数下属聊天、吃饭、跳舞等。除非你控制他们很好，他们懂得做人，是你亲信者更要服从其上级管理，犯错者比别人罚得更重。否则经理级没法管理他们，因为他们觉得自己是总经理亲信，经理主任，都不敢开罪我，否则我在老总那奏你一章。一般员工找你批事，应拒绝他，让他们找其上级批才对。否则你聘经理主任来干什么。

在环境上变化或工作上更改，高级临时会改变原有编排工作，作为低一级管理人或员工要服从指派工作，不要发牢骚，意见多多，都应为上司掩护说好话。有错上司会承担责任，因为处事手法，大家有不同观点为与角度。上司亦不想改，是最高领导意思，不改不成，下级应体谅。

十九、制度管理物品

企业应以科学方法去管理楼面物品。对讲机谁领谁签名，谁丢谁赔，贵重物品如银筷、镀金餐具、贵价玻璃杯，由每一个厅房责任服务员锁好保管，月底盘点，谁丢谁赔。碟、碗、勺、杯等小型用品月底盘点，有千分之三合理破损率，超过这金额由楼面员工摊分赔付。

二十、不做“孔明之死”

上班先做好自己应做的工作，再去帮忙下级工作。管理人员应站督导位置，不能埋头埋脑去抄台、结账、摆餐具工作，应巡查服务员出勤、工作、顾客走势，调动闲人帮忙人，在最忙的时候，或有需要时才出手帮忙。

身为领导，必须善于利用手下来分担你工作，不要说他们不如自己，事事亲力亲为，累死自己。人之精力有限，开始时多留意及纠正下放之工作，待下属慢慢上手后，自己腾出精神、脑力去思考其他主要问题，这才是善用人办法。孔明就是犯了这个错而累死的，食少事繁，命不长久。

我个人对工作心态有此看法：作为一个领导者，是企业之大脑，应经常保持思维清晰、精力充沛才对。只要适量之亲力亲为，不能与下属争工作，不要说下属不成或不放心，懂得分配劳动力，切勿废寝忘餐，加班加点，有病不理。弄坏身体就是伤害企业利益。公司需要你长期领导，三军易得，将帅难求，但你竟然短期内报废了，就是愚忠表现。

普天下可怜人太多了，你散尽家财能满足几人？弄至妻离子散，自己筋疲力尽，欠债累累，抱病身亡，等你救者中途断希望，害人害己。你想救国救民，必需长期救，才能救得多，反而短期救得更少，属极度不智做法。

二十一、常站一线监督

一个好的管理人一定要多站在第一线，接待客人，指导及监督工作人员工作，监场你会发现很多问题是跟坐在办公室有不同看法。好处是：

(1)带动员工士气(好坏有人表扬或罚)。

(2)顾客对企业有信心(投诉有门)。

(3)十个投诉八个都发生在无管理人在场(出问题有人做主)。

对后勤部门、厨房、洗手间特别要求卫生搞好。因人类习惯留意前方，忽略后方，两者都要重视。每天上班应带笔簿由天台一路走到地下，记下各方毛病，如维修、保养、杂物收拾、死角卫生等，该扔掉就扔掉，用不着的东西应忍心抛弃或卖掉，切勿死物占生地；墙边污渍，厨房下水有否臭味，台布毛巾收拾等。

二十二、用人不重感情

用人是一个重要环节。用人不当，易请难送，对企业及个人都起不良作用。有些人可以做朋友，不可以做上司下属。铁哥们有义气，可以做朋友，但没有管理才能，最终会双方闹得不愉快分手，连朋友也失掉；有些人可以作一个很好基层工作人员，他忠诚、勤力、能干。有时候好的管理人并不是好的服务员，好的服务员不一定是好的管理人，人有其强项弱项，因他专长安排其职位。人无全美，有缺点者视其不犯大原则亦可包涵。用人唯亲者，经验告我，坏处占七好处占三。

二十三、分两派是好事

企业内部总是有帮派。身为管理者不可偏帮其中一派，应尽量对他们公道，友善往来，管理者最怕下层大团结，发生什么事你一点也不知道，如员工外流，贪污作弊，开罪客人等，他们瞒得密密，到有一天出大事了，你上级知情比你还多,那多没面子。我们不是鼓励手下不和,是让他们有竞争有进步,互相警惕。一般很多管理人都会在众员工派有一、二名大内密探作耳目。但切勿过分相信你的耳目,有可能他们公报私仇。要用脑去分析传来的情报可靠性。

二十四、合理越级投诉

一般不反对有人越级投诉,但首先有一个原则,如果我发出一个命令或实行一个做法,你们对我命令或做法有意见,应首先向我咨询,提出你之看法意见,要求改变?如你对我之答复不满意,我一意孤行,你们向我上级报告,我没话可说。但如你不向我先提意见,就直接越我反映,那我就不高兴。这就是不合理之越级投诉。

作为一个开明领导,当下属向你越级投诉,应首先问,你有否与你上级提出意见,若他说没有,领导应先让他回去直接向上司反映,如结果令你不满意才来投诉,否则是领导不支持管理人,破坏自己管理系统。什么事都找领导,要管理人来做什么。

二十五、究谣言保士气

如员工做出伤害企业利益的行为,其他员工向管理人汇报其不是,只要如实讲,不夸大不掩护,老板会心中感谢。但有些员工,心术不正,可能出于妒忌,想打倒别人往往将一些小事夸大,添油加醋,断章取义,隐善择恶,无中生有。散播言论会造成伤害某人或影响企业名声,管理人应马上找出造谣者,要求解释。若他推说听某人说,再找某人对证,直至有人承认为止。如某人推说不能出卖朋友的话,可以!这么义气英雄,你来受罚吧。这样一两次后,他们就知道说话不能乱说,要承担后果的。

二十六、懂赞美表扬

干饮食行业是吃四方饭,凡楼面人员必须热情待客,达到关系熟络,闲话家常，无所不谈，手上有多少客就代表成功多少。处事一定要圆滑，不能太有性格，因为不知什么时候“山水有相逢”。干我们这行都要懂赞美，过去懂奉承而平步青云的例子多得是，甚至总统都要奉承人。赞美别人是一种高深学问，赞美人前先看清楚对方是什么性格，全世界的人都喜欢人家奉承自己，没有人喜欢别人批评自己，问题是怎样去赞美才令对方高兴？赞美人要留意不卑不亢，适量去赞，不要摆成一条狗模样，让对方看不起你。说话硬邦邦者，会觉得其他人的合作性不大好，工作老不大顺利，这就是犯了不会赞美对方毛病，赞美人又不用成本，对方高兴，自己办事顺利，何乐不为。员工做得好，应表扬奖励，不能光骂不赞，才能产生凝聚力。

二十七、勇敢批评下属

(1)很多管理人的弊病是没胆量去批评下属，下属做错了，但他不好意思批评，稍说两句就算了，这样姑息下属，后果是令下属不怕你，以为你无胆。他下次再犯错，你再说一句，他就会跟你嚷，你一退缩他更得意，最后你只能在他背后发牢骚不敢管他，管理人应不怕对方恶，只要用词严厉，正色面孔，不要嬉皮笑脸，但切忌粗口，更不要长篇大论，喋喋不休，他不听或态度不好，你就说“我批评你，你不听，我会交上级处理，后果你负责”。再不奏效，不用跟他争辩，马上报告上级。也有一种主管本着多一事不如少一事，报喜不报忧，很少向上级反映下属错处，怕上级说他部门事多。你不报，让上司自己发现问题会说你失职。

(2)当你批评一个人时，他马上黑着脸，嚷叫，或未得你同意扭头摔门就走，你不要软化随他便，否则以后你无法管治这人。你应将他叫回，用严厉正色面孔对他说：“我没有说完你就走！是不是你做错了，我还要看你脸色！你这种态度犹如打我一个嘴巴，我以后怎管人，做人？你敬我一尺，我敬你一丈，有错，认了，说几句好话就成了，我又不会婆婆妈妈责怪你，只要以后短期不犯同样错误就可以，说两句就不高兴，扭头摔门就走是不对的，换你当领导，感受是怎样？”

(3)有些心理不平衡或偏激的员工，他们以为上司都对他不好，好像全世界都欠他什么一样。可以这样告诉他“你老说人家对你不好，你应反问自己又怎样对人，说话硬邦邦，你首先主动对人家好，过一段时间，人家自然会对你好，不要老想着人家短处，应想想人家长处，你就会改变憎恨他人之想法，慢慢你觉这人不是那么可憎。”

二十八、骂人的正确手法

当发现员工犯错，应将员工叫到一个房间内或安静角落，不可在公开场合骂人，这样会使对方下不了台，产生抗拒情绪，连自己也下不了台，其他人看到手下反抗你，对你看法更不好；用严肃语气，要求员工解释犯规情况；告诉他犯了错误给本人及部门带来多少麻烦和不良后果，令到大家会受罚，影响上司对你的看法，所以才批评他；骂人适可而止。骂完后勿忘安抚，赞美他长处，事后批评完，找点鼓励开导话，软硬兼施，打两巴掌，亲一下；还要派人跟踪观察他，可能有以下三种反应：听话改过；变本加厉跟你对着干；意志消沉，另谋高就。千万留意解雇员工时说的话，要让他觉得犯错给大家添麻烦，公司才迫无奈解雇他，不要持经理身份炒他，否则100个有一两个想歪了，矛头对着你就麻烦了。他在门口拿着砖头等你，或在你家死赖着不走。

(1)骂人办事不力。“当上级交代一件工作你去办，在办事途中遇到困难，就等于途中出现一幅障碍墙。如果你是笨蛋，就站着等墙自己塌下来，相信50年、100年终会塌的。聪明人就会想办法去推倒它，若推不倒想办法爬过去，绕过去才对。企业聘管理人员是为企业去克服困难的，不是让你告诉我这里不成，那里有问题，要是事事顺利，不如派个服务员去做，还要管理人员干吗？每事都要上司出马，就表示你办事能力有限，不如回家享福吧。马上去动动脑克服问题，如真的想不通再来找我。我希望你做一个解决问题专家，有‘逢山开路，遇水搭桥’精神。”

(2)骂人自以为是。“你觉得为公司拉了不少生意，就以为自己功高伟绩，但老板付出比你大得多，投资几千万，客人光顾是冲着环境、菜色、服务三方面,况且亦付你丰厚提成,是互不欠谁。其实我们只是机器中一个部件,随时可被替代,公司一样运转。"

(3)骂人推卸责任。当责骂一个中层管理人员做错事时,他老爱说这不是他的主意,是别人叫他这样做,你可以严肃批评:"你食人的饭,穿人的衣服,不是木偶,人家虽然叫你怎样做,你自己应有自己主张,怎可任人摆布,出了问题更不可推卸责任到别人身上,自己应勇敢来承担才对。"

(4)反驳财大气粗。"我不欠你钱,不向你借,你不是我老板,我跟你是平等的,你有钱没钱,有权无权,跟我无关。我不用看你脸色,你是客人,我们尊重你,但不能过分伤害我们。"

(5)反驳下属妒忌。反驳下属说上司"拿钱多,不干活,只懂骂人,福利好,有人侍候"。"你们羡慕或妒忌高层拿钱多,劳动轻,骂人是好事,如我又跟你们一样,羡慕老板总裁级,人比人,气死人,问题是我们知道怎么骂。或有其他长处,这要靠工龄,实学,懂用脑等条件,才可坐上这位置,你们妒忌我亦是好事。激发上进心。学我们吧,早日成为领导。"

(6)说话要准备好充分资料。跟上级谈事要备好足够资料,如发生日期、地点、食物之甜、咸、淡、无味等服务怎么不好的具体内容,想增购东西,说出本来有多少,查过库房有多少,要补充多少。以前未买过的,要查好大概价钱、规格等资料。

二十九、发命令让人接受

(1)命手下去做一件事,说法不同会引起不同效果。当责备下属时,他老不承认自己的错误,可这样说"在服务员立场看,你是对的,但从管理人立场来看你是错的。因为一件事从不同观点与角度来看,是有不同的说法"。

例如:服务员见别人调工资或晋升,只会埋怨上级对她不公道,不会扪心自问,为公司做了什么贡献。

(2)当你叫手下去干一件事,他推说正忙于这个,忙于那个,不愿意服从你的指示。假如你说："我是部长或经理，我叫你干什么，你就要干什么，你要听我的，不听滚蛋。"这可能引起他的反感，引来不服从或粗口。但你如说："我觉得这事情是急事，你应放下你的工作，先干这个，要是因为放下你的工作而出问题，我承担这责任。"我相信这番话很有作用，对方又有下台机会。

(3)"如果你一定要告假或不上班，你明天就不用再来。"对方可能接你一句"不来就不来，会死呀！"应改为"如你坚持要告假或不上班，令到楼面人手不足，我无法交代上级，责任，后果你自负。"对方觉得亏在其本人，会接受你。或者"我叫你做什么，你就要做什么，不听走人。"恃权凌人，对方很不容易接受。应"我叫你做什么，你就做什么，出了问题我负责，不关你事。"对方就能接受。

三十、偶然处事野蛮

管理人施仁政有时是行不通的，语重心长，希望他们自动自觉守规矩是白搭，有时需不按章办事。

(1)某部门按照消防规定要上锁，但学徒贪方便往往用脚将锁踢坏，修好又踢，两次、三次，到人事部调查时，无人承认，苦口婆心亦不听，最后唯有出一招，凡有机会进出的员工，再有门被踢破，不问谁干，每人都扣分，事情马上有了好转，从此无人再踢了。

(2)台布内往往发现杂物，这是服务员卷台布大意，将台牌、牙签筒、毛巾仔、少量餐具一起扔下布草箱内，屡劝无效，只有一发现台布内有杂物，全体餐厅服务员集体扣分，这样才能刹住此坏习惯。

此方法表面是霸道一点，其中大部分是冤枉的，但店不能派大量管理人去监视每个环节，加上员工对于调查，明知是谁干的，但不说出来，互相保护，便采取：你令我生气，我便令你更生气，全体罚的办法。初时，员工一定很生气，意见多，以后他们会到互相监管，谁看见谁犯错，群起攻之，说他连累他人受罚，如其不听，就举报上级，举报后就可不用罚全体。

三十一、心病向浅中医

人与人之间应坦诚相向，如发现对方做出有伤害你的行为，应找机会，不要怕不好意思，拉他到一个安静地方，将你看法，心平气和地说出来，让对方解释。这样做，不伤对方面子，往往大事化小，小事化无。切勿将事情搁在心里，怕不好意思，希望他自动自觉去改。但人不知己过，牛不知力大，有时候他不是故意伤害对方，或不清楚他这样做法会影响别人，继续犯错，导致大家误会日深，各走极端。将不满事情埋藏在心里，终有一天像火山爆发一样，大叫“我都忍得你很久了！”或你打我一拳，我给你一脚，积怨日深，到头来悲剧收场。

三十二、管理手法有异

有些人喜欢与下属打成一片，上下级有讲有笑，但有些人喜欢上下级有别，严肃着脸，有“鬼见愁”别号，不爱太多言笑，有活动请他也不来。新旧员工或管理人不能互批评对方“摆架子”或“没大没小”，因十人九品，风格不同。严厉管理方法及买人心管理方法都有其优点及缺点，视乎管理人性格，江山易改，品性难移，极少人能做到十全十美，两者共存。下属或同级只可能想办法去适应对方手法，不应埋怨。忘大功记小过：每个人都有不同优点及缺点，没人能十全十美，也不能要求全美。总括说，优点多过缺点就算不错，一个人有时出了一些小毛病，对大局影响不大，不应跟他太斤斤计较。人免不了犯错，只要不犯同样错。做十件事八件事做得好，只有一两件做错，错得不是太不合理，应可以原谅，不能因个人之小错而抹杀他之大部分功劳，说他无能。

三十三、管理四大能力

(1)有发现问题之洞察能力：有一对鹰的眼睛能看到微小问题，生意之好坏，杯上有唇膏印，天花某个灯灭了，角落有垃圾，某人神色小动作不正常,可能在作弊。某物件突然出现或失踪懂追查,不接受“无人跟我说”,“我不知道”“我以为”等推责话。

(2)承担问题之责任心能力:发现有问题喜欢往上推,应骂他“我聘你是为店解决问题,不是让你告我这里哪里不成,让我帮你解决问题,你是否愿意将你工资给我”。因此,要有承担问题的责任心和能力。

(3)解决问题之脑好用能力:如什么事都解决不了,让上级去动脑筋帮你解决,这代表你没利用价值了,递辞职信吧!

(4)短期不犯同样错误的改错能力:人谁无过,过而能改,善莫大焉!错完又犯同样错,代表不会错后马上开会通知大家别再犯,这种管理人应下岗了。

三十四、不可能无出错

作为一个智者应谅解:一个企业从楼面、厨房、后勤有二、三百人,不可能每一个员工都在极佳状态下工作。有很多个人因素,如家庭、金钱、健康或意外等其一出了问题,都会影响工作上表现,无人能令每一位员工天天不出错的。只能控制至最低程度。所以我们给别人评价,要看全局,不能因一两件小错就抹杀整体努力。不能因为一个员工出错,就怪责总经理不力,总经理有其工作,各部员工各司其职,总经理不可能每一个细节都顾得上,出了问题只能处分员工及其直属上司的责任,各部门每天都有不少问题发生,若真要追究连带责任,总经理天天被罚款的。

三十五、切勿受贿作弊

金钱引诱很大,贪上一次,肯定有下一次,像吸毒一样,永无止境,大多戒不了,最后前途自毁。管理人受贿后,就抬不起头来做人,说话都无自己风格。有什么风吹草动,心惊害怕,会否东窗事发?出品部主管收了好处,对供应商来货,得过且过,把关不严,其他同事亦不是傻瓜,有些不说话,但心中鄙视你人格,有些借此作举报威胁你对他之管理,让他自由散漫,令你不敢相迫，多痛苦。楼面联同他人在营业收入作弊之感受亦如上述，多行不义必自毙，届时怎面对老板、同事、朋友，无地自容。劝人莫做亏心事，半夜敲门心不惊。

三十六、保持营业成绩

身为高级管理人，最重要的是业绩要出色，就算一天工作16小时，如果业绩不理想，老板一样不高兴，不在乎你名气身价多大、硕士、博士，能讲五国语言亦属无能。当生意低落时，懂得出花招改善，增加生意，生意火红时，懂得出主意保持，甚至更进一步。这才是应做工作。给员工定任务指标，举手摘到没意思，高不可攀人不干，最好是跳一跳便能摘到是最佳幅度。员工感觉任务指标有压力，是正常好事的，如无感觉便是很失败。管理酒楼不赚钱，三个月连续亏，总经理应该自动辞职。

投诉事故处理办法

客人投诉的原因

客人用餐，不是“饭虫儿”，不会存心捣乱，为什么会投诉，有两大原因：

(1)个人私生活出现了问题，如：因妻子、儿女、朋友给他添麻烦，工作上、生意上的难题，经济债务问题，身体欠佳等。

(2)餐厅出错如：停车不顺心，刚好客人多、领位来不及招呼，桌的位置不满意，想点之菜沽清，遇上生意繁忙出菜慢，出品或服务出现差错，账单嫌贵或计算错银码就会产生投诉。

处理态度

客人投诉，半数是恶意，半数是善意，珍惜我店才投诉，否则不说话，下次不来，并告亲友别来就糟透了。

餐饮业称呼客人为“上帝”，上帝是不能开罪的，“赢了一个客人，就表示失去了一个客人”，尽管客人不对，我们都要给客人下台阶的机会，低调处理问题，不要理直气壮，咄咄逼人。凡投诉处理要快，恶化时收不了尾。处理前要查清楚前因后果，光道歉不成，心中备有一个解决方案才去，见到客人不管对错，要有一个同情客人态度，诚意耐心聆听对方发一轮牢骚后，先再提出处理办法，对方不接受，就叫服务员过来做一场戏，在客人面前狠狠骂服务员一顿，甚至扬言扣工资，解雇等处分，让客人消消气。

所以平日要跟服务员达成默契，明白上司骂服务员是为了公司利益解决问题，不要顶撞，假装哭着走更好，再自己代表公司道歉，这样大化小，来打圆场。处理投诉应按现场环境灵活处理，不可死板按规章，如感觉自己应付不了，就尽快转上级接手，不要死撑。客人投诉处理完后，记下对方资料，翌日去电话，去信或登门道歉因情况而定，让客人感到我店重视他。部门主管事后亦需做一个投诉汇报内容。时间、地点、客人资料、不满内容，前因后果，当时处理办法，事后结果反省及对策。

一、客人投诉服务欠佳

客人投诉要找经理，可以这样说："先生你饶了我吧，不要叫经理来，我一个小女孩千里来打工，一个月工资不够你吃顿饭，月月都要寄钱回家养父母。经理来了就会解雇我，扣我工资，你们都是大人做大事的，不会跟一个小女孩计较吧，我笨！服务不好，我知错了，求你原谅我吧。"

二、弄脏客人衣服

把客人衣服弄脏，服务员应主动跟客人道歉或让他脱衣清洗，经理还要过去说："对不起，老板，服务员真笨，弄脏您的衣服，我定要她赔您钱，但希望你体谅她下，她也拿不太多钱。"

原则上，酒楼一定要负这个责任，但千万不要让客人知道，说是扣回服务员工资，否则张大狮子口。

三、客人投诉出品欠佳

菜肴有投诉，如有欠火候或过火等。经检查属实，那是厨房自身的问题，应无条件退菜。

另外，客人点菜多，怕吃不完想退。先查菜是否做好，未做可退，做好不能退，这种不属于质量问题，给客人讲清道理，劝客人不要退了，吃不了可以装盒带走。

如证实漏开单，先向客人道歉，说传错菜，答应马上打厨师长优先补做这菜，观客反应行事，入单或取消。

不论对错，先道歉，再拿走食物称与厨师长反映，自己亦检查一下，稍有小问题，亦不用争论，回头告客再做一个，如客说不用，就帮他取消，歪理投诉机会极小,不要因小失大。

四、食物中有脏物

食物中有脏物,首先去掉脏物,然后派部长级向客人道歉,另外给他做新菜。好话说尽,打个折扣,免除报官为原则,大化小处理。

五、客人打架

(1)通知内保过去劝架。

(2)通知总经理及值班经理。

(3)马上全场亮灯。

(4)服务员站好岗位。

(5)将两帮人分两地拉离现场,但保留碎片索赔。

平时管理人应在楼面站岗,就应眼利,千万不要等客人打起来才制止,打起来控制不了酒楼损失惨重,先知先觉哪台有火药味,通知内保及管理人在他的台周围巡站,盯着他们,客人心中所顾忌,事发第一时间制止。

六、餐厅客人物品被偷

“先生,我亦很理解你来吃饭本来是一件开心的事,但意外被贼将包偷走变成十分扫兴事,但不发生已发生了,我们亦周围找过,亦找不到,唯一可做的事就是报派出所,我们可以派人陪你一块去。你要求赔偿是可理解,但我们亦有我们难处,我们未见过你的包是什么样的,也不知道包里面有什么贵重物品,一旦要我们赔,我们也接受不了,这样,先报警,让派出所来做出决定,是店责任的话我们会赔给你的。”

七、客人来电话投诉用餐后拉肚子

“先生,真对不起,你目前身体觉得怎么样,在医院还是在家里,你贵姓,联络电话,昨天晚上在哪个包间用餐,共多少人,吃过什么菜,其他客人有多少跟你一样拉肚子,有没有去过哪家医院看过病,病历上说什么,要否我马上派人来探望你。并告诉对方会将此事告知总经理,是日去问候进展情形。我们不能推掉责任,但在未经医生判断前,也不能承认是本店问题。”

八、客人来电话说遗留物品

先问客人丢失物品形状、颜色、特点、价值,并问是否记起服务员相貌、名字。当时马上查询,如找不到,叫对方留下姓名、电话号码,等我们详细再查或等服务员回来再查。询问有关保安人员,客人离去时,是否携带什么物品,再将结果去电话告诉客人。

九、客人向酒楼索取药

客人向酒楼索取药时,除创可贴,酒楼不准供应药物,因为每个人身体素质不一样,药品可能对大部分人适合,但对小部分人可能出现并发症,饮酒者更不能服药,所以药品需经医生检查身体后才能开药。

十、客人在酒楼受伤

客人在酒楼受伤,如被玻璃、瓷器割伤,摔倒、打架,先为客人止血,如伤势严重或血不停,用车送客人到医院并找一名管理人陪同。如受伤程度小,当应好言好语,送水果、吃饭打折等,摆平事情。如客人喝多摔倒,在现场问候他是否有事,要否到医院,他说无事则记清楚,在日记本上记录当时发生细节、找目击人、证明是他自己错,避免日后翻旧账告酒楼。

十一、客人没钱或不够钱结账

要求客人打电话或派人出外筹钱,否则要通知派出所,不接受身份证抵押。熟客处理办法就灵活点。

十二、当一些客人老挑理或对女服务员不礼貌

将女服务员调别的楼层，说她已下班，他们所点饮料、罐瓶全留下放在一边，菜碟尽量不撤，撤的话就放在一连，避免付账时说未喝未吃没有证据。并叮嘱服务员小心说话，多派部长专盯此台。

十三、客人坚持带猫、狗进餐厅

向客人解释卫生条例规定宠物不可带进食肆："猫、狗是动物，不像人有灵性，可能随时大小便，有部分宾客特别敏感，亦有可能咬人，出了这种意外，后果可大可小，咬着一些贵客可能要求赔偿十万，事后你肯定推责，餐厅亦担不起。"

十四、客人要求服务员喝酒

应好言告知店规不准喝酒，就算经理在客人面前同意后，回头照扣奖金，因喝完酒影响服务，再推不掉，就喝一小杯，喝完再迫，找借口走人，更换男服务员接替。

十五、客人在进餐中损坏了餐具

首先弄清楚客人是无意还是有意，若无意，则安排服务员收拾善后。若有意，则要照价赔偿。

十六、客人酒后呕吐

一般客人会在洗手间或走廊吐，弄脏地毯需保洁员打扫清理，并安排服务员送上热毛巾、热茶等。如醉酒不醒，要求同伴最少留一人，送上醒酒物品或让睡一觉才离开。

十七、客人拿走餐具器皿不认账

服务员可苦着脸过去说:“先生,你拿走餐具当好玩或纪念品是小意思,但苦了我要扣工资来赔偿,我一个月才五六百元,又要寄钱回家,自己要生活,很惨的,你可怜我这小员工吧,放我一马。”

十八、发现客人多收了钱

向客人解释,这是楼面跟收银沟通不好,出了错误,收银有三人互相监控,多收了只能归公司,损人不利己,谁都不愿多收,这纯粹误会而造成的,请原谅,这收银员搞错,请接受他道歉。

十九、客人认为酒和烟是假的

服务员自己先尝一下,感觉不会假,就向客人说:“我们老板对假烟酒是很重视的,非常注意进口渠道,宁贵一些不愿破坏招牌,因本店生意非常好,不想因小利坏了大生意,我刚尝过,每手货差异可能有小小,但问题不大。相信我店,绝不卖假。”

二十、处理突然停电事故

如遇突然停电,管理人及服务员要保持镇静,经理应安抚大家:“只是跳闸问题,一两分钟后来电”,安排服务员在周围点蜡烛,并看好台,不要跑单,马上找工程部了解事故原因及问何时来电,短时间能来电,继续营业。长时间或不清楚何时来电,应通知领位请新客人暂时聊聊天、看看菜单,让吃完的人先结账,没上完菜的,可与客人商量取消未上的菜。

二十一、店突然喊火警怎么办

首先告诉自己要镇定不要怕,害怕会不知所措,马上深呼吸三下,观看火警严重程度,小火自己扑灭,太危险者派一部分人去指导客人疏散,其他人通知上级及电报火警。

二十二、处理客人车辆丢失或被砸、被刮

当发生车辆被偷或被砸、被刮，首先征求车主意见，是否报警，了解车辆是否买保险，派高级管理人员陪同报警，如客人向酒楼索赔，应无奈地说："停车场乃公众地方，丢失只能报警，由公安局决定是谁的责任，才可索赔"。如不是封闭式或收停车费，店责任不大。

二十三、遇到政府部门派官局员来检查

经理应马上热情款待，端茶送水，告已通知领导，5～10分钟到达，然后派人通知有关部门，如楼面、厨房、仓库等部门，做出相应配合工作。

第三章

具体人员责任及实务篇

总经理在餐厅里发挥着统筹全局的作用，但总经理在扮演好自己角色的同时，还必须熟悉员工的职责、全面负责餐馆的组织机构设置和人员编制等。唯有如此，总经理才能在总揽全局的同时，又能指引各职能部门充分发挥作用。

总经理助理(后勤)责任及实务

1. 按照总经理管理精神将酒楼后勤部门管理好,配合前方楼面营业,做好总经理参谋工作。

2. 搞好合作方及业主兼其下属物业管理部门融洽关系。

3. 企业将面对有关如劳动保险、税务、水电煤、公安、消防、卫生防疫、街道办、文化局、技术监督局、行业办等政府部门,想好哪些未做好,需怎样应对工作。哪方面过去做得不好,怎样去改善。让总经理可集中精神搞好经营管理。

4. 留意政府机关新规定,向总经理汇报情况及提出相应措施。

5. 监督维修部门,对日常维修保养工作。检查水、电、煤气、空调、设备有何隐患。提早做好夏天想冬天,冬天想夏天预备工程,尽量不要头痛医头、脚痛医脚,要有长远计划。

6. 监督司机日常工作,如维修、耗油、罚单、派车等工作。

7. 关心安排好员工福利及膳食,为一线员工服务好,增强员工对酒楼的归属感。

8. 检查整个店外围及内部卫生程度,督促保洁部门工作。

9. 督促检查保卫防火工作,负责节假日酒楼的安全防范工作。

楼面经理责任及实务

1. 在工作中，眼中有活，能发现问题，肯用脑去解决，不会将问题转报上级处理，上级交代工作，有回有报，重时间观念，别拖拉或扯皮，效率要快。需转交下属办理者，自己必须限时收回审查，合格者才好转上级，否则属“经而不理”。

2. 经理跟客建立良好关系，在酒楼主动认识客人，打招呼，派名片、喝点酒、抽点烟，唱唱歌、说说笑、聊聊天、投诉时捱点骂，令得客人回头指定见你，客源多，代表你成功，受欢迎，完成店下达之指标及任务。

3. 上岗了解当天营业订座情况，做出必要安排或调整。并检查出勤并将迟到、病、事假、告假写上批评意见。每天开例会检查员工制服，个人卫生，提出昨天发生事件，好的表扬，坏的批评。介绍特别菜式或厨房紧急推销某个品种菜式。放假多打听本行营业趋势，好的学习改良，亦要检讨本店缺点向上反映解决。当班留意客满时，哪里可加桌或换桌。留意客人桌面哪菜吃光，哪菜剩太多，知道菜受欢迎程度。感受环境温度，会否过冷、过热或闷及有否苍蝇。

4. 一个经理应够胆去批评下属，处罚，有杀气，不怕恐吓，才能镇住你之下属。但批评下属要注意技巧，令到员工心服口服。心要方正，处事要圆滑。有空多思考怎样改善工作或增加生意，一周抽二三天中午落场时间培训兼聆听员工心声，增强凝聚力及归属感。

5. 当班与客人交际应酬。应懂得分寸，不多喝，不停留太长时间，腾出时间不断巡逻楼面，监督下属工作，否则员工知你陪客过长时间会松懈。

6. 日常监督部长有否在一线言传身教服务员，令他们成材，教育部长们要有职业道德，要对得起自己之工作。员工有误解，以“吃谁向谁”心态多站在公司立场开导安抚员工，切勿煽风点火，跟员工一般见识。

7. 对餐饮文化、八大菜系、西餐、亚洲菜、烈酒、葡萄酒有一定认识，在管理学问有相当经验。经理自己能力强是不够，要令其管辖区下全体成员合作性强，完成上级交代任务及指标，协助弱者员工成为强者，争取人心，高峰站在一线指挥，带动员工士气，文书工作非繁忙时间才做，关心下属，争取人心，凝聚力强，令员工对店增强归属感。

8. 遇有大宴会，婚宴、大节日要预早安排人手，停止去假，检查各类用品，欠缺者提早安排，切勿"临渴掘井"，令到宴会顺利搞好。办事以今天做明天工作，忌将今天事推明天做，逼死自己。

9. 下班前找厨师长及楼面管理人开会，将一天发生之投诉及意见，分清责任，怎样去处理及日后改善方法，做好每天汇报表交上级，下班前检查各类柜锁、水电、冷气关妥，残羹收拾，检查防火措施，收银结好账，客人全部离去，方可下班。

营业部责任及实务

1. 营业部的工作是沟通厨房与楼面的桥梁。营业员的开单工作直接影响酒楼营业额及毛利的高低，营业员一定要清楚企业特色及各方资料，能向客人介绍或回答询问，一个能言、温文有礼的营业员能使客人高兴而来满意而归，并与客人建立一个良好关系，下次光顾愿意再找你。

2. 上班后先到砧板部门了解雪柜及货源，哪个品种急推销，哪种货沽清，午晚市营业前做"沽清及推销单"交服务员推销开单。

3. 了解当天定座情况，不要怕麻烦，去电话再落实定座情形，避免留座后客人不到或任何一方弄错。按定座资料开单与客沟通，开单原则配合厨房货源急出、后出，记好熟客饮食爱好，懂因人开单，价钱不能多算，按利润指标计价。黑客人，企业不多谢，反要处分。开票不要粗心大意，留意水台、烧腊、水果、点心，不要漏开白色小单，菜价、分量、人数写清楚，开完票要告客人银码，零点一定要告客人，例中及菜价，否则餐后嫌钱多，说只点例牌菜拒付中盘价时就不好。特别情形如早食、晚来或其细节要跟厨房楼面打招呼配合人手工作。上述遗漏一点都能招来服务不好说法或挨骂。每天落实定座，下午四时假装问客人数有否变更或其他更改，此举可避免有定座后忘记取消，充分利用地方使用率。节日前出计划布置店堂，有大宴会安排会场布置气氛。

4. 接大宴会或高价菜时，若生客要尽量收取定金，保证减少损失。

5. 问清楚客单位名称、电话、联络人、日期、时间、人数、菜价标准，尽量说服客人配菜，如当场自点会令客人等45分以上，最重要问客人什么方式结账、现金或支票。重要宴会需否编座人名咭。高价菜提早预备等。

6. 将营业部收拾整齐，营业员开市即站大堂笑脸迎接客人。

7. 尽量牢记客人名字，来时大声称呼，有空到席间问意见搞好关系。

8. 约十五天左右就要出特别介绍或新菜式，务求令熟客来去都食到不同样菜式，否则缺乏新鲜感。所以，营业员要经常不断从各方面收集新菜资料。

9. 在菜单或其他菜价有变化情况下，要第一时间通知做台侍应，传菜，及收银部并将菜单收回，改好再送出。

10. 按客人名片或定座本上资历料，联络一些很久不来的客人，原因或意见。开菜单是一门高深学问，尤其是席数多的大单，要清楚每个菜的制作过程，成本价在客人要求下随时还原。不能开太多工序的菜式，不能侧重某部门，平衡厨房、烧腊、点心部门工作量，撇开成本数要公道，否则部门主管投诉。最理想是好做、好利、好吃三赢菜式。

主任岗位责任及实务

1. 在工作中，眼光锐利，能发现问题，肯用脑去解决，不会将问题转上级处理。

2. 热爱餐饮文化，如有一定的八大菜系、亚洲菜、烈酒、葡萄酒知识，在管理有相当经验，令到下属能从你身上学到东西，敬佩你、配合你工作。

3. 经理应跟客人建立良好关系，主动认识客人，打招呼、派名片、喝点酒、唱唱歌、跳跳舞、说说笑。聊聊天，投诉时握点骂，令得客人回头指定见你，客源多，代表你成功，受欢迎。完成店下达之指标及任务。

4. 单靠自己能力强是不够，训练弱者员工成为强者，完成上级交代营业指标，跟办下属工作。高峰时，站在一线指挥，带动员工士气。增强凝聚力，令员工对店多添归属感。

5. 应够胆去批评下属，有煞气，不怕恐吓，才能镇住你之下属，但批评要注意技巧，令对方口服心服，骂完懂安抚，平日要关心员工生活问题，才能恩威并制。

6. 当班与客人交际应酬懂得分寸，不多喝，不停留太长时间，腾出时间不断巡逻楼面。监督下属工作，否则员工知你陪客过长时间会松懈偷懒。

7. 上岗前了解当天营业订座情况，做出必要安排及调整。遇有大宴会，检查各类用品，令宴会顺利搞好。查出勤并将迟到、病、事假、告假写上批评意见。每天开例会检查员工制服、个人卫生，提出昨天发生事件，好的表扬，坏的批评。介绍特别菜式或厨房紧急推销某个品种菜式。放假多打听本行营业趋势，好的学习改良，也要检讨本店缺点向上反映解决。

8. 检查男女洗手间卫生：洗手盆、马桶、尿斗、洗手液、镜子、地面、抹手纸。环境收拾如：地毡、工作柜、毛巾箱、死角的卫生，看杂物收藏，每一个托盘清洗干净。抹布预备，清抹植物叶子灰土。检查现有之碟、碗、羹、筷、餐巾、台布足够应付今天生意否。金器、水杯须明亮无油渍，牙签筒干净，菜谱，胡椒、盐盅，检查侍应摆餐具是否随便乱放，摆放要合格。瓷器无缺口，转盘干净清洁，茶几面卫生。台号牌齐全有否放错，领位写好留台卡否，检查咨客对讲机、电话机、传真机之功能是否正常，感应空调温度合适否，有否部分照明漏开，背景音乐播放。举头看灯有灭否，坏则即换，找寻苍蝇有则马上消灭。下栏盘干净无垃圾，查看热水炉、茶壶数量，芥酱、茶叶、煲饭情形，饭碗足够否，当天报纸数量。

9. 下班前找厨师长及楼面管理人开会，将一天发生之投诉及意见，分清责任，怎样去处理及日后改善方法。做好每天汇报表交上级，下班前检查各类柜锁，水电、冷气关妥，残羹收拾，检查防火措施，收银结好账，客人全部离去方可下班。早上营业前开主管碰头会，检讨改善昨天事项。

部长岗位素质及实务

1. 经理是多动口少动手，部长则多动手少动口，站在第一线指挥，带头服务，完成店下达之指标及任务。

2. 上班应先了解今天手上有多少员工当值，在签到本上将某人例假、告假写上本内，方便考勤。有任何批示写上，让大家知道。将犯错员工事写上，让大家警惕，不可再犯。迟到员工将其名打圈，注明迟到多少，累计严重者马上处理。

3. 班前会上检查员工仪表，岗上用品。

4. 留意勤换毛巾、烟缸、骨碟。指挥执漏，如客人某个菜等太久，去收银、传菜、厨房追查。

5. 领位忙不过来，调动闲人帮忙人。

6. 警惕监视服务员有否黑烟、黑酒、黑小费，偷懒、打猫、扎堆聊天、东挨西靠、怠慢客人，完善服务细节。

7. 帮助客人点菜并推销海鲜。留意营业走势，预备加台加椅工作。

8. 大台及贵宾厅账单由部长亲自结账。

9. 警觉客人有否走单。巡视传菜部工作效率是否积压菜。

10. 客人投诉要解决，最好不用惊动经理级处理。

11. 记录服务员工作上的错误，开会提出改正。

12. 客人有矛盾，开始起争执即报上级。

13. 留意餐厅温度是否太冷太热。

14. 收集各类锁匙，贴纸标所属位置。

15. 几个部长分工：(1)人事进出、考勤、编班、休假、告假等。(2)领货盘点、记录大小家私，设备瓷器、玻璃、棉织品、镀金餐具、零碎用品、酱料、茶叶、外卖合袋。(3)卫生检查，维修检查。

领位责任及实务

1. 咨客是客人进入店的第一印象，表现好坏直接影响对店的形象。当班应常挂笑容，正确站姿，排行整齐安静，忌聊天，给客人一个五星级管理的宁静感觉。

2. 必须记性好，记着客人姓名，他的家人、朋友、爱好习惯，适当时说些赞美、羡慕话，务求令到他在朋友面前有面子。

3. 带客保持约 1.5 米至 2 米左右距离，不时回头。带位途中感觉是大客应用“老板、领导”来称呼，主动聊天，争取好感。带到散座或包间要见到服务人员接手才可离开。

4. 与客交谈察言观色，留意场合，与什么人在一起该说些什么，懂避忌，切勿口无遮拦，好事变坏事。

5. 带客至厅房门口，转身向左后退一步，用左手打开门，腾足够空间让客人进房。在房内离开要后退一两步才转身，像行宫廷礼。

6. 让客人亲眼看到你为他打开门，他会感谢你。客人未到，如在下楼梯中，车未停定，车门未开，就打开门是劳而不获，到二米才打开，客人会感受到。做到门前三包（垃圾、卫生、灯开关）工作。

7. 送客语言：请慢走，多谢光临，欢迎再来。

8. 主动向各部主管收集资料，好回答客人的咨询。比如，营业时间、各部门电话、邮编、经营内容、消费、用什么信用卡、交通路线、附近明显建筑物等。对于优惠问题不是全清楚，不要随便承诺，答应过什么事应知会楼面主管，否则引至双方争执。

9. 不可利用报话机讲与工作无关的事，避免影响通讯，订座资料绝不可给客人看，以免带给管理人房间调动不便。

10. 每天下午 4 点半打电话给客人，用“人数是否有加减”作借口来落实客人订座，避免客人订座不到损失。

酒吧员责任及实务

1. 面对酒吧物品引诱力太大，酒吧员最理想是不喝酒、不吸烟并要忠诚可靠。

2. 没有单据绝不发货。高级紧急取物，马上将经手人取货量登记。回头主动追经手人开单结清，切勿迟误，否则客人离后要承担责任。

3. 不向员工或其他主管提供借烟、借酒、借饮料及尝水果等方便，一经发现，双方都要处分。

4. 对货物保管上锁，不要大意，非工作人员不让进。水果不能贪懒太早切开，否则会影响使得质量不好。

5. 领货时如高价洋酒、白酒、香烟，因高价酒领货量不会太大，要当面打开每瓶检验清楚，否则事后说缺数或破损就说不清楚。

6. 外国香槟及葡萄酒等领货或发货要看清楚商标字样及年份，否则容易出错。

7. 酒吧工作人员有责任留意货源存量，负责补充。偶然突发沽清，通知经理开仓补领，不能断货，避免影响营业收入。

8. 搞好卫生，定时打蟑螂药、老鼠药，倒垃圾一定要在非繁忙时间。

9. 洋酒、白酒、啤酒、饮料及香烟，由总经理指定一名专人全权负责，凡供应商谈进货，由专人洽谈及决定，其他各级员工切勿私下答应进货，否则库房不准收货，财务不准付款，答应者尚要处分。

10. 供应商或到店促销小姐有什么赠品或销售鼓励金，应交餐厅经理登记，按办法分配，酒吧各级员工不得向他们提出或暗示要好处，违者当贪心及影响企业形象处分。

收银员责任及实务

1. 收银员接受双重管理工作，业务由财务来直接管理和监督；工作纪律、快慢或先后则由餐厅经理来直接管理。

2. 提前10分钟上岗，做好开餐前的准备工作，检查收银机性能、足够发票、信用卡纸、打印纸、备用金、零钱是否备齐、色带清晰否。

3. 账单总数不可以私自改动，如改动总数，须有经理签字。钱物不可借给任何经理，要有财务总监指示才可。

4. 收取现金要用验钞机防伪。不清楚之外币或汇率要通知上司鉴定，不可听客人意见。千万勿让客人用手掂钞票，魔术手贼多的是。

5. 支票要用黑墨水笔填写，记下客人身份证号、电话。检查支票的印章是否清楚，大小写是否一致，超额否，过期否，有无涂改，有无密码。

6. 信用卡必须看签名相符否，是否黑名单、过期否、超限额否等。国内卡需登记身份证号码。消费超额者电中心取授权。

7. 如结账中出现长款应填写在交款单中上交财务，短款责任由自己赔偿。

8. 使用计算器要技术熟练，收款专用章不让谁都拿到，有空留意结账人小动作，作弊的人心虚，很容易看透。如有沽清或取消的菜需有经理签字方可生效，熟记菜单菜价。记账应有经理加签，注明谁挂，老板或高层请客先走，要求经理在单上注明宴请何人，让老板日后好记忆。

9. 收银员清账时，将现金、支票和信用卡金额等，填上日报表，根据电脑中的营业收入和账单营业收入逐张清点，确保各种款项正确。

10. 逐项填写现金袋上的项目，将日报表的财务联和现金、支票、信用卡等放入袋内，在接班收银员或夜审员的监督下，将现金放入保险箱内。

11. 检查用过的账单最后一张是否有连号，检查无误后，若下一班次继续使用，在领用栏内签字办理交接手续；若当天工作结束，应将未使用的账单退回领班处办理退回签字手续。

服务员责任及实务

1. 常带笑容及健谈，令客人对你产生好感。主动与客人建立良好关系。热情服务令客人表扬及点你名服务便算金牌优质侍应。锻炼记性，熟记客姓名、爱好、朋友，当场叫出他姓名，令他觉得在其朋友前有面子，想感动客人用送客提包袋至门口甚至车旁，等车开动挥手再见，收效很大。

2. 懂得在适当环境下赞美客人。平日说话清晰响亮，语气温文婉转，切忌顶撞，懂察言观色，说话看环境，知避忌。气氛不好，制造打完场机会或说话，懂推销技巧，常取得高营业额，又不过分害客人，适当时提点客人不浪费，太多或量太大，让客觉得你为他着想，做事负责任。完成店下达指标及急推任务。

3. 员工需有心理预备，遭客人骂时要忍气吞声，以生意为重，不在乎对错骂完付款就可以，"赢了一个客人，等于失去一个客人"，客人骂赢有面子再光顾，骂输了，他下不了台。

4. 服务基本要求：上班守时，注重个人卫生仪表，获得有效健康证，懂礼貌，不闹情绪，不偷懒，明了菜式学问，清楚各种收费资料，好回答询问。服务标准：点烟、倒酒、热情微笑服务。做台标准：落单无错、勤换骨碟、小毛巾、烟灰缸、报菜名、快手快脚、跟齐菜式。分菜标准：快、准、干净。工作中服从，有空帮别人，每组几个人互相默契，客人光顾快速时间完成服务程序，互相帮忙。无客投诉或慢客。有错承认，不卸责，对粗重脏污工作不怨言，超额工作愿吃亏。上级交办工作有回有报，落场收工有交代。与客人或上司碰面，懂点头，微笑鞠躬，让路，并讲"先生，您好"。

5. 有公德心及职业道德：餐椅及沙发是供客坐，家私杂物不准随处放，弄脏布面难看。爱护地毯，切勿将饮料、汁酱或污水洒在上面。工作中将瓷器水杯轻拿轻放。装修及设备用具要爱护，不恶性使用，机件损坏，大家工作不畅顺。拾到用具掉出小零件。收存好，勿抛掉，再配不容易。客人离开，将电器照明关掉，节约能源。谨记“食君之禄，担君之忧，休戚相关，荣辱与共”这十六个职业道德字。

6. 工作学习中改进自己技能，记录上级管理及处事手法，有上进心，苦练书法，管理人写字难看，别人背后偷笑，自己无面子。追上时代，学习电脑科技，阅读报纸杂志和书籍。懂各方面知识好与客人沟通。所以有进取员工，需牺牲部分工余放假时间去充实自己博取晋升。文化修养高，对公对私都有大好处。高素质员工是企业兴旺本钱。

7. 拾获客人遗留物品，应第一时间上交登记，到被追查才交出当偷窃论。侍应当客结账时有责任提醒及检查有否遗留物品。

8. 下班前检查各类柜锁、电器照明、水电是否关好，残羹要收拾好，参加班后会，得主管同意方可离开。

传菜部责任及实务

传菜部是一个平常轻松，但在高峰时一个半小时内不容出错之部门。一个菜式的错乱，令厨房、楼面、收银、客人四方带来怨气。

划单人及打荷者控制每张台，每个贵宾厅，每个宴会之出菜情况，他们一定要眼明手快为厨房出来之菜肴在菜单上打勾，熟悉每一道菜名字，跟配汁酱发觉某张单之菜太快、太慢、程序不对，台号夹子不对菜单上菜式，漏单等，喊叫厨房打荷部改正，所以平常要跟楼面及厨房员工打好关系，方便工作。

1. 记熟店内环境，包间位置，散座台号位置。

2. 背写菜谱及各类菜式搭配酱料。

3. 在工作中不可大意，入单或菜式都要看清楚木夹子号码，不得马虎大意，否则带来楼面、厨房争吵混乱，送菜要跟好酱料及用具，如刀、叉、钳、夹、炉、盅等。传完菜，不要将托盘垂直，否则油汤洒在地上后果严重。

4. 对某种菜式需加盖的，切勿贪快而不盖，否则影响菜式的质量。

5. 快速传菜及跑楼梯中，应常有戒心，以免发生碰撞，心中预好，发生时怎么保护技巧。走路快中求稳，并要留意前方环境，是否有小孩，或有走路不长眼之客人或员工。

6. 传菜员在送菜途中有责任监管食物，如有人偷拿，应制止，不听者应上报，否则事发后犯上不负责任，遇事不报，鼓励他人偷吃，双倍于偷吃者罚款。如事情产生严重后果，有关人等会开除，管理人重罚的。

7. 菜单上角写上“叫”代表楼面需通知传菜部“叫起”才起菜。菜单上角写“即”代表客人已在座，入单厨房尽快来菜。单上角写上“叫”“来”代表客人用餐很慢，菜需来完一个吃完后通知才能再来一个。

8. 生意特别好，重要假期及旅行团多时，白米饭供应量大要格外安排。

售点员岗位责任制

1. 向主管学习各类点心的名称、用料及属何种品种。

2. 主动热情向客人介绍，售出盖印后需说“多谢”。不繁忙空闲时，向熟客打招呼或问候家常，忙中客人呼唤时，要挥手示意“一会来”，切勿不理睬。

3. 售点时有关跟配酱料需先问客人是否需要。

4. 切勿徇私，让客人或员工没有点心卡也拿走点心。

5. 向点心部领出点心要记录品种及数量。

6. 售卖前备好配料工具（浙醋、葱花、姜丝、二汤、椒盐、生老抽、麻油、剪刀、手布及各类碗碟等）。

7. 熟识小型煮食炉开关，换气的安全手法及紧急时处理方法。

8. 关门后将所负责器具及地方卫生搞干净。

厨师长素质及实务

1. 一个五星级厨师长应有自己几个拿手菜,例如镇店三宝、李厨三绝等,是同行无法做出同样水准的。只要你热爱你工作,喜欢钻研做笔记,东改西拼有创意头脑。你十年的成绩会比别人干二十年好。保持头、二、三锅水平接近,令出品达高水准及稳定。本身应经常上岗炒菜。

2. 除炒菜技术好,还要懂得人事及厨政管理,保持毛利达55%,令厨房经常明亮整洁。预备工作做好,自然出菜效率高,点菜单到后15分钟就能出菜。教导手下对楼面追菜或客人要求配合好,勿官僚或爱理不理姿态。留意你厨房设备、通风、排烟哪部分不好,通知工程部改善。

3. 进干货以三个月为标准免积压资金。经常检查货仓及冷库那些滞销快到期货,让楼面急推销。每月有两三次到菜市场了解各类物价。

4. 按生意走势向供应商定购海鲜、肉食、蔬菜等货。海鲜如突然生意大好沽清,应立即想办法克服补充,如向附近海鲜档买或向别的友好酒楼借货。客人点海鲜无货影响营业额。

5. 每月初向营业部推出特别介绍新菜色十款,令到客人经常能食到不同品种新菜色。并显示厨师长有水平。平时经常从外地书报、刊物收集不同菜式资料,经常自己抽空试做新菜。

6. 在中线检查质量,不满意者重做。检查砧板刀章、加工技术,瓷器有否崩口等。每天查大冷库存,卫生条件,做到先进先出。通知水台足斤足两,不能骗客人。

7. 培训厨工成才接班,留意人事管理,抽一定时间去与手下对话、聊天、关心下属。如有破坏、不守纪律、欺负他人者,要辞退,免他们带坏及影响其他职工情绪。

8. 凡员工有一两百人或以上的，应聘用膳食厨师来做饭，工作量很大的，用客用厨师煮员工餐是不大适当，每员工餐约10元一天三顿饭，这三个膳食厨师省不得。

9. 督促每天定时清洗厨房卫生工作，特别留意台脚、角落、台底，清洗油烟网、地下水沟。下班前留意水、电、煤气，有否关妥。海鲜池供氧、库房、冷库、雪柜门锁、电流运作正常否。十天灭一次蟑螂，留意电机温暖潮湿处是蟑螂最爱躲藏的地方。定期讲食物卫生法及操作安全知识。

10. 每十五天查成本百分率达多少，务求成本率达标，自己每天审查所有厨房进货单。

11. 留心原材料使用走势与生意额是否成比例，留意泔水垃圾出门有否夹带私藏、厨单是否作怪出假、厨工是否无单出菜、厨房哪方面会有被盗漏洞等。

12. 每天早上一定要亲自或派一名可靠有经验的头砧去过称、收货，懂得供应商在货物上之蒙骗手法（帮你拿进厨房，偷龙转凤，拿走部分货物等）。退回不合格原材料，切勿因对方讲好话，看某人情面，及用种种借口而眼开眼闭来验收，后果是制造机会让采购、库房及供应商作弊。

13. 每天亲自检查核算一次库房领料单，要求库房必须在单上写清数量、规格、货价、签名留底。若缺此道工作，不清楚毛利达到什么比率，万一财务算错毛利，或采购与库房有歪念，你就吃大亏，有口说不清，导致自己受害下岗。

14. 要不断钻研，切忌自满，落场放假拜访同行取新料，从杂志、书本上收集最新菜式资料，自己试做，试完再试，不断有新菜出。不管正宗与否，名厨或新秀，出品令本地人能接受，就是好厨师。不要只愿听好话，一被批评就急，骂人、顶回、不爱上灶，爱派小工去验收货物；不要摆架子，爱做大哥，常因芝麻小事，大骂小工，下班带着一帮人呼前拥后喝酒、吹牛。

15. 厨师长一定要洁身自爱，与供应商、采购、库房保持合理距离，不接受他们宴请，不接受直接或间接好处。别让他们腐化你，有一必有二，终致下岗并被追究责任，引致在行内名声不好，影响前途。

16. 股东或重要客人光临，厨师长亲自到楼面打招呼，交际应酬一番，在公在私都有好处。一个五星级厨师长如对工作服及私人穿衣打扮爱讲究，他之厨房卫生亦不会太差。

厨工责任及实务

1. 厨工责任是在企业用高薪聘请著名厨师主理厨政下学好厨艺,将来能接班一心一意为酒楼工作,节省成本,保持出品在高水平。

2. 上岗前打扮自己,留意个人卫生,头发胡子理好,工服整齐、干净、不破不缺,常带帽子。获得有效健康证。

3. 厨房给人第一印象就要清洁卫生,收拾整齐。按防疫站要求雪柜、砧板生熟分开,厨房不准存放用塑料袋、纸盒包装副食品,打开罐头必须转入玻璃瓶内。注重手门工夫(工具及工作范围干净,卫生,地面不积水)。派专人拿墩布将打荷线、砧板线地面有水即墩干净。

4. 爱护厨房小型机械,不要错误或恶性使用,用坏了大家没得用不方便。堵塞渠道的物品千万不要抛进去,要有公德心。否则堵塞令大家水浸脚工作多难受,维修部又添麻烦。

5. 当班严禁在厨房范围吸烟及赌博,下班切忌成群结队去喝酒及闹事,带醉上班后果严重。传呼机收起,不准带上岗,不准到楼面范围串门影响管理形象。原则上不准使用及接电话。

6. 晚上下班前清洁炉头用具、钢台、蒸柜、排风、地面、刨机等,垃圾泔水处理好,特别是夏天加倍留意。一星期左右要清洗收拾冷库。检查各类仓库、柜锁,水电煤气是否关好,勿留火种,免发生火灾。

砧板:负责兼管水台工作,负责各类食物定货,切肉、加工、切丝、腌肉食及切伴边装饰,雪柜及冷库卫生管理。背负成本达标重大责任。

水台:负责宰鱼、虾、蟹、蟮、海鲜池管理。

上什:负责炖汤、配调料、蒸海鲜、发干货、烤局各种出品瓜类。

打荷:厨房灵魂出菜之快慢先后,都由打荷控制,因此要头脑精灵、反应快,配合楼面,特别是厅房菜式留意快慢控制,对楼面之要求,追菜等不要轻心大意。从工作中偷学师傅炒菜技术。

一个及格厨师长要对五个部门的工作都熟练才算称职。

烧腊部明档刀砧,切及摆放鸡类、鸭类、凉菜、乳猪等技术。

工场调校配料、上酱、烧烤技术,切割加工食品。

点心部分:案板、馅档、熟笼、煎炸、肠粉。

厨工不要梦想一年半载就可以成材。想独当一面,起码学艺要三年。才勉强叫个小师傅。所以千万不要着急出外赚大钱,学好功夫,机会多的是。

财务经理责任及实务

1. 财务人员要口密不多言。不能将酒楼财务细节在聊天中有意或无意泄露给同事,包括你配偶,不可让无关人员观看单据、复印件或将之拿离财务室。

2. 财务经理是总经理做参谋的人,对财务之隐患及前路预测明了,将资金分配好,建立一个健康之财政状况。

3. 根据公司的债务做出一个还款计划,不要到到期被人穷追才想办法。

4. 每月5日前做好损益表向总经理汇报上个月的财政状况,哪个部门费用大,哪不合理。安排营业收入优先用作发工资,供应商及日常开支计划。工资一定要准时发放,绝不耽误一天,要提早做好准备,免坏名声。

5. 客人签单要不厌其烦派专人去催收。将每月收款多少定额分派到每人手里,完不成扣发工资。对因故不能清理的账款,主动及时报告总经理,提出处理意见,要经常反复再提,直到完事为止,不应提一次就当无责任。如某些客人付款赖皮,通知楼面经理,这些客人签单到一个限额,就需停止。

6. 审核原始单据,做报销凭证,交会计做明细分类账及装订,对不符合财务规定之报销,如白条、不合格发票,欠有关领导签名等有权拒绝。

7. 检查每天从厨房、酒吧、楼面的领料单及直拨单内容是否错漏。

8. 审查每天营业额及成本领料统计报表,分析各部门营业收入及成本高低状况,送厨师长一份副本,有不合理现象汇报总经理。

9. 按时缴纳水、电、煤气费用,发票税、工资税、员工保险、贷款利息及其他政府部门各项收费,月初准时上交企业营业报表给财政局。

10. 审查收银员每天营业单据,所收现金及签单金额与电脑资料是否相符。

11. 督促检查收银、采购、库房、员工膳食日常工作是否有不合理情况。

12. 月末与成本合计盘点厨房、酒吧及库房。盘库时要洞识他们之蒙骗手法。

13. 为减轻月底工作压力,每月十五日盘点楼面部之用具,大小型家具,有不合理的就开罚单给应负责人。每月如实不漏地反映该月一切费用,如漏记需补上。如有大金额开销发生:如维修,宣传或添设备,应分六个月至一年来摊销,否则该月费用大增,账面不好看。

14. 监督出纳工作:

(1)监督出纳每天将现金、支票及信用卡的营业收入存银行账户。

(2)清楚当天发出支票数量与金额,不会透支,否则影响公司名声及被罚款。

(3)监督出纳支付报销工作、支付供应商货款情况。

(4)酒楼客户签单的分户整理工作,随时清楚有多少未收账款金额,那些超过合理时间还不清付,主动联络对方财务部催款,亦可要求楼面经理派人协助,将坏账减至最低。向总经理汇报一些付账赖皮客户,提议停止他们签单及采取法律行动。

库管员责任及实务

1. 库管员是企业公证人，绝对要忠心公正，不能接受供应商馈赠，不能委托供应商购买东西。如有其他经理暗示要你在某些货源眼开眼闭，可汇报总经理。库房员工应与采购保持冷淡关系。

2. 采购与员工从外买回任何物品，一定要交到库房或要求库工到现场代表企业验收，开入库单交对方，购物者凭入库单才可向财务办报销领钱。

3. 每张领货单都需有主管签名才能发货，突发情况缺主管签名者先发货，免耽误工作，但领货者及库工需24小时内追回主管签名，否则两人皆罚50元。领货时不要让员工进库自取。

4. 库房应分五类货物：

(1)湿货库：海味、鱼翅、燕窝、调料。

(2)饮料库：洋酒、白酒、饮料、香烟。

(3)粮油库：米、面粉、油、糖、盐等。

(4)布草房：台布、餐巾、工作服、西装、小毛巾、台裙。

(5)杂品库：瓷器水杯、维修用料、各部门用具、文具、印刷品、清洁用品。

5. 凡未经采购或总经理批示不允入库、入厨房，应拒绝验收。

6. 入库单需有厨房及库房二人签名才生效。一联交供应商，一联交财务部，一联交自己入账。一次性入库交厨师长。出库货物要有部门主管签名，库房物品不能拿做私用或送人。不要带由外购之物品进库房，避免嫌疑。鲍鱼燕窝用玻璃瓶盛载，一月晒一次太阳，挥发水分免发霉。

7. 铁架上调料品要拆包摆放整齐，填写物品进出记录卡。将出存三项账目搞好，随时准备领导审核。哪种货物将用完，预出充裕时间通知采购补充。汇报不合理领货量，不准断货，违者追究责任。先进先出，对部分如茶叶、咸鱼、鱼翅、海味、香烟等特性货品分隔存放;为令老鼠无法设窝,架底不准放东西。收货时留意供应商肮脏手段,看秤不能马虎要仔细,留意有否过期或假冒货品,学会分辨大量草绳、注水、塞金属、冻坏、变质,以次充好等鉴别技术。开入库单时要格外集中精神,写好斤两及价钱,出错挨罚或下岗。

8. 副食品、调料等必须有商标及注明生产日期、保质期、生产单位地址,进口洋酒、香烟、调料要有防伪激光商检标志,否则拒绝收货。

9. 管理员要将库房卫生搞好,房内不准吸烟,做好防虫、防鼠、防火工作。无关人员不准在库房聊天。货物有破损、变质或丢失马上通知有关主管处理。

10. 各类货物由总经理或采购负责价钱及进货。库房或各级员工切勿私下答应进货,否则库房不准收货,财务不准付款,答应者尚要处分。不准私下借烟、借酒或其他物品给予员工。

11. 供应商或促销小姐有赠品或销售鼓励金,应交餐厅经理登记,按办法分配,库房员工不得向他们提出或暗示要好处,违者当贪心及影响企业形象处分。

采购员责任及实务

采购部日常用钱单据由财务部监督，但采购工作效率则由厨师长及总经理监督。采购每月定时将厨房日常用货价格表送交厨师长、财务、总经理共同审批价格才能生效。

1. 采购员责任是进货时考虑替企业节省及避免积压资金，需大批进货者不得超三个月备用量，其他物品一般进一个月备用量。特别是市上很多伪劣产品都是靠推销员用回扣利诱采购员进货。不可上当受骗。原则上本店只进那些有信誉销量大之洋酒、白酒及饮料。

2. 厨房日常使用的原材料，采购员要在得到厨师长批示才可采购。洋酒、白酒、饮料补充及新品种进货，要得到餐饮部总监审批后才可采购。高价干货及初次新购500元以上物品，必须经总经理、财务批准才可采购。

3. 采购员向供货商提出质量、数量、价格、牌子、产地、出厂期、能否退货、付款方法，合格发票，运费谁负担的要求，并采取“货比三家”选购。定购货物后，有责任通知库房所定物品数量、价格及质量要求，方便收货。

4. 采购厨房用品时，按厨师长规定时间办妥，若影响厨房正常使用，采购员要承受处罚。接到申购单之日算起第二天必须提出可否购得到，逾期不向库房提出，采购员要承担影响工作的责任。第三天必须送入库房。库房收货后有责任主动通知使用部门领用。

5. 采购以酒楼利益为第一，警告供应商别玩猫腻，宁可价高一点，不要掺水、草绳等，防止购进掺假、变质、过期、假冒、粗劣产品。采购部私下做一些标记或签名在贵重烟酒上，免自己人或客人作弊调包。

6. 需入库或入厨物品，凭“申购单”和“发货票”办理“入库凭证”。验收合格后，库房将入库单交财务记账，供应商凭另一联入库单及发票到财务部办理付款手续。

7. 货到仓库三日内，采购员务必令供应商将发票送交财务。采购本人用掉支票亦需三日内办妥财务手续。不允许积压否则引至核查工作不好作。

8. 洋酒、白酒、啤酒、饮料及香烟由总经理或指定一名专人全权负责，凡供应商谈进货，由专人洽谈及决定。其他各级员工切勿私下答应进货，否则库房不准收货，财务不准付款，答应者尚要处分。

9. 供应商或到店促销小姐有什么赠品或销售鼓励金，应交餐厅经理登记，按办法分配，采购不得向他们提出暗示或要好处，违者当贪心及影响企业形象处分。采购员应懂避忌，不能与供应商及仓库员工关系密切，相等于收银与服务员，如请饮请吃、小恩小惠，真犯了总经理大忌，令想法多多。

后勤主任责任及实务

管理人每天上班应去寻找那些未干好或隐患事情，即叫眼中有活，上班要睁大眼睛周围检查，腾出15分钟去思考，今天该干什么才对得起公司，不是上班等有事发生才去干，无事就东逛西走，聊天、喝茶。发现事情马上去做，不准拖，讲效率，不要找借口压到明天才做。

1. 跟下列部门搞好关系，逢年过节问候及送礼，保证店经营畅顺，环保、街道、市容、城管、派出所、防疫站、消防、交通、文化、物价、节水、电、煤气、供暖部门。

2. 下班前安排维修工工作。

3. 每日检查清洁工作：卫生间、餐厅、公共地方及门前三包卫生情况。每天最少到洗碗间六次，留意刷碗工作破损程度。批评不爱护餐具者。

4. 每日检查垃圾桶的卫生情况。

5. 每天检查照明灯、桌椅、台板，有坏的就修。天气变化马上做出适当措施，免受损失。每天将水电煤数字抄报总经理，定出合理数据。

6. 厨房冰箱、冷柜，每两个月清洗一次。

7. 厨房蒸箱、传菜部电热水器每月除水垢。

8. 厨房地沟每月1日、10日、20日清洗。

9. 厨房排烟机每月15日清洗机头。

10. 前厅空调过滤网每月25日清洗。

11. 隔10天看煤气、电、水表是否正常。

12. 15天放蟑螂药一次，灭鼠工作天天检查。

13. 办理各部电话到期缴费工资，办理报纸订阅到期续订。

人事经理责任及实务

1. 人事部在总经理领导下，负责酒楼人事调动、进退、晋升、培训等文书工作，制定人事编制及管理架构图，直接对总经理负责。

2. 对各种人事政策了解，成为总经理的参谋。人事部员工一定要嘴密，切忌口没遮拦，清楚哪些该说与不该说，员工之工资要保密。

3. 负责广告或网上招聘、第一次人事部面试挑选，审查应聘者身份证、相片，本地住址要问街号、单元、楼数、门号，核对后打"✓"，向对方讲解薪酬福利，放假规范。第二次部门主管面试技能，合格后带见总经理，及格后发录用通知书，办理入职手续等工作。

4. 新员工必须交出身份证复印件、相片和健康证、出入证，细读员工守则签上名，参加岗前培训三五天，才能正式上岗。新员工刚上任一定要热情接待好，派专人介绍环境，带去食堂宿舍，讲解工作岗位如何开始，跟上二三天熟手后才放手。当试用期满须经部门考核，合格后办好转正手续，签订劳动合同。

5. 员工晋升先由部门主管提名，经人事部考核合格后面见总经理，审查后填写文件交财务执行。每月月初呈交上月离职及入职情况报告给总经理。

6. 办理离职人员手续，办妥收回工作服、更衣柜匙、工作证、岗上用品、办公用品、文件证书、对讲机、遗留签单、备用金、宿舍用品、宿舍水电费等，还有保险转移手续，经保安检查行李便可离店。

7. 月底前要求各部门交齐考勤，算好工资。负责工作服及劳保用品批条。发放各种福利如饭票、食物、洗澡票等。

8. 日常与各部员工接触，了解员工思想，工作上问题、部门之间矛盾，宿舍的缺点，有必要时向总经理汇报。

9. 搜集员工的资料，每月换一次，对员工膳食经常试食，检查食堂卫生。让员工吃饱健康。

10. 严格执行员工守则和规章制度，不定时与保卫部一起查更衣柜。处分那些上下班不打卡或工作时间不够的员工。明察暗访贪污作弊或对公司有损害的行为。

11. 联络职业学校、劳动市场、人力网站，做出人力资源储备。

维修员责任及实务

1. 维修主管须有专业知识，遇到问题时，不怕艰难去克服，多站在公司利益立场去衡量事情，不可过分纵容或保护下属。要懂得量才用人，将工作分配给手下，但千万不要吩咐完就了事，要现场监督质量，完工后亲自去验收，才能向总经理交代。总经理不会接受"我已安排完，他们做不好没我责任"为借口。

2. 维修部成功处是经常检查各部设备，做到出问题前已发现并马上修好，不用等出现故障才去修。如有任何工作应尽量用本身员工力量去解决，切忌将工作承包外界去做，费用增加。避免繁忙时间停电去维修设备，影响正常营业。

3. 接到维修通知争取 10 分钟到位，不卸责，不怕难，不马虎对付。以长远使用为原则，勿留火灾隐患，维修中观察物品是"人为破坏"还是"自然损坏"，好分清责任，通知上级去追究。完毕将工具收拾好带回工作间，不丢三落四。白班应替夜班考虑，互有默契将有需零件向库房下班前领好。

4. 巡视检查工作中要眼光尖锐、耳鼻灵敏，这样才能警觉到煤气味、烧焦味、燃油味和机器不正常转动声，发现隐患，预防火灾。

5. 维修主管有责任辨别选用防火合格零件，切忌贪便宜购伪劣产品，导致火灾，因小失大，电路安排切忌满负荷，留出余裕，避免小马拉大车或大马拉小车。

6. 施工及电焊场地，机房及配电室，严禁吸烟，日常维修工具及钥匙须习惯放回原位，保管好，码放整齐，发生紧急情况好找。施工完毕简单垃圾自己清理，繁重通知保洁打扫卫生，做到文明施工。

7. 工作时间不准在维修房抽烟、喝酒、吃零食、下棋、玩扑克、听音乐、看电视、干私活。没活时应找出那些坏电器或设备来维修，懂得找活干才是一个勤快员工。一个上进维修人员需从工作中领悟学习同事技术长处，多看本行书籍或上课，来增进自己技能，切忌自满。

8. 保证各种空调电器设备运转正常，定期保养，每星期一次清洗隔尘网，夏天半个月清洗冰柜顶的散热器，定时加氮，清扫压缩机头之尘土，保证冰柜和冷库的正常运转及散热。厨房、卫生间、出品部上下水的畅通。定时掏隔油池，抽化粪池。

9. 每天将煤气、柴油、用电、用水的每分表耗用数字抄下，报总经理做好监管能源工作。

10. 遇刮大风、下大雨天，马上做出保护措施，下雪时检查管道保温情况，避免各方面损失。

保卫员责任及实务

1. 保卫人员工作指示：逞口舌，不战而屈对方者为上策；用美言，打折减免求和者为中策；动干戈，留血毁物惊官者为下策。

2. 保卫人员要经常锻炼身体，睡眠充足，保持健康状态。在大门口当班应懂得迎宾，开车门、手挡头的礼貌。

3. 值班时严禁饮酒、吃零食、说笑、坐沙发、看报、睡觉或到厨房煮食、不准带亲友参观，到访聊天。交班准时别让人等，见到接班人出现，简单交接才能走。

4. 查员工的包是得罪人工作，但身为保卫就避免不了这种责任，查包不能因私人感情马虎或特别挑剔为难个别跟你不友好的员工。

5. 离职员工不可让进，找人的话代找，来访者在门外等，强进需报上级处理，警惕留意供货商，搬运工人偷盗、隐藏、夹带企业财产。

6. 停止营业时，千万做好防火检查工作，不要大意，留宿员工要有领导批条才允许，若发现有赌博情形登记在日记簿上。

7. 出现打架争执事，尽快将肇事者分两批拉离现场，再处理，以免破坏营业气氛。保卫到场后应分散站立，留意在场最高领导指示。

8. 工作时尽量忍，骂不还口，分散靠边站，留意闹事者背后是否拿着攻击性物品，保护在场领导，让上级处理问题，切勿插嘴。

9. 尽量与员工保持一定距离，不准与员工聊天，不能太熟络，个别小组员工喝酒聊天集会不准参加，否则在执行工作中不好做。

10. 保卫部与人事部保持不定时检查更衣柜习惯。

11. 每当天气突变，刮大风，下大雨，应警惕巡查补救那些可能出问题地方。

12. 保卫人员职业习惯是要嘴密忌口疏、忠心企业，不得泄露上级交代的一些保密任务。

13. 保卫部应保持与当地派出所及公安局良好关系。

14. 在深夜不营业时间，员工回店或离店，因公因私都要登记，并报告总经理。

司机责任及实务

1. 驾驶员应随时保持车况良好。天天刷洗车辆保持光亮，发现车有故障马上检修，车辆应定期检修。

2. 原则上严禁私人用车，如特殊情况需要用私车时，必须经总经理同意或批条方可。司机主管每天必须填写出车用途及公里数汇报总经理。

3. 由主管负责登记耗油量并按行车公里配发油资。

4. 司机经常接载领导，嘴一定密封，不得将领导交代内容泄露出去。否则解雇，不可代其他员工表达意见。

5. 开车要稳，不可与其他车争位或斗气，宁吃点亏礼让，领导安全为重，不要与无关人一般见识。

6. 对全年无任何损害酒楼利益事故的司机有奖励（奖励金额相当于该司机的月标准工资）。

7. 对经常发生事故的司机应即时调整工资，严重者应将其辞退。

8. 司机如因违章受到交通管理部门的处罚，单位每接到一张罚单，将从被罚司机当月工资中扣罚一百元。

9. 车辆如发生事故，将视责任大小，由出事司机承担不同比例的经济损失。

10. 未经总经理同意或批条出车办私事或接送同事上下班者，要惩罚。

11. 下班后车辆应停放在单位门前，交保卫看管，不可开回家。

夜间看更责任及实务

1. 平常备有手电筒两个，放在固定位置，停电时凭记忆亦能摸找到。写下总经理、店负责人及派出所电话号码在明显位置，出事好通知。

2. 发现或怀疑有贼潜进店内，喝止无效时，即采取下列措施：

(1)打电话派出所报警。

(2)再打电话总经理或店负责人。

(3)通知其他保卫人员。

3. 遇有火警要镇定，千万不要慌张，不要害怕，看清火源，紧急救火。

(1)平日清楚各电闸的位置，发生事故好找。发现冒烟起火苗，小火用湿布拍打，火势大才用灭火器喷灭，当火势扩大无法扑灭时，即拨 119 报火警。

(2)再电总经理及店负责人。

(3)快通知内保来人。

4. 漏煤气问题：

(1)平日清楚煤气开关位置，出事故好找。

(2)看更上岗及落场后要检查厨房煤气闸阀是否关闭，有否漏煤气味道。

(3)电煤气急修电话。

(4)电告总经理，负责人及其他保卫。

刷碗责任及实务

1. 洗碗员工必须爱护公用物品，瓷器碰撞出裂口就报废了，一定要轻拿轻放。

2. 食具清洗必须做到一洗、二刷、三冲、四消毒、五保管。

一洗：是将食具上的食物残渣片洗入食物残渣管道。

二刷：在 40℃ ~50℃纯温碱水中用抹布刷洗食具。

三冲：把食具里外冲洗干净。

四消毒：洗净的食具必须按煮沸或蒸汽要求 100℃，消毒 10 分钟或侧放在容器中，经过远红外线消毒 20 分钟才能取出，不能用高温消毒的玻璃杯等应用药物消毒，药物消毒应严格按照消毒药物的有效浓度和浸泡的时间规定进行消毒，消毒后，食具只能用消毒抹布擦干。

五保管：消毒过的食具放入保洁柜，由专人保管。

3. 清洗完的食具必须无污垢、无油渍、无食物残渣。

4. 消毒后的食具应无水、干爽、无油垢、无油渍、无食物残渣、无异味，并应做到抽检合格。

5. 消毒的食具不能与未消毒的食具混放，防止交叉污染，不能将未消毒的食具拿给客人使用。

6. 保洁柜必须用消毒水每天清洁一遍，做到无杂物、无苍蝇、无蟑螂。

7. 食物残渣管道，必须每天下班后冲洗干净。

8. 每天上班前必须检查各自工作岗位，下班后搞好各自岗位工作，如发现上班卫生有问题时，应及时向食品卫生管理员或领导反映，并做出补救措施。

清洁责任及实务

1. 负责整个店上下及大门口卫生工作。

2. 定时清洁外墙大理石、玻璃、石狮子、招牌、汽车道工作，执行门前三包规定。

3. 定时清洁各楼层男女洗手间、洗手盆、镜子、洗手液、抹手纸、垃圾桶、马桶、尿斗、地面、墙壁。

4. 清洁楼梯地毯、扶手栏铁花、石面打蜡。

5. 清洁大堂玻璃门、天花水晶吊灯、植物、水池、烟灰桶、艺术品、灭火器。

6. 定时清洗各楼层地毯替木地板清洗打蜡。

7. 定时清洁客用升降机内洗抹卫生。

8. 经常检查各楼层植物叶子上灰尘。

9. 定时清抹出风口、抽风口附近之尘土。

10. 派专人在营业时间用拖布拖地面。

11. 清理各楼层垃圾桶，烟灰桶及灭火器。

12. 每天定时洗擦走菜楼梯地面，免滑倒传菜员。

13. 楼杂负责将脏家私搬到洗碗部，再将干净消毒过家私搬回各岗位。协助楼面运输一些笨重物品，如台面、餐椅、舞台等。

员工食堂责任及实务

老板花钱供应膳食，希望员工食得饱饱，好好工作。但如果膳食做得不好，老板花了钱，还要背后被员工骂，多冤枉！所以人事部及总经理助理一定要天天监管出品，务令劳资方放心。定时发表给员工做质量调查信息反馈。

膳食厨师要向员工提供一份干净、可口、分量够的工作餐。让员工有气力工作，不用想着偷吃。

食堂采购人员一定要抓好膳食质量，瓜菜要新鲜，今天买明天菜，用膳时间不能耽误，否则影响楼面营业。

价钱老实，不收回扣，货到找仓库员验收，结算不得超过两天交财务。

厨师清洗加工煮炒时，不要本着是员工食用就麻痹大意，注意卫生，学习好食品卫生法、餐具卫生消毒法。

派餐不可因员工职位高低、私人仇怨而给多给少、挑剔为难。

定出不同菜单，时令菜色，不够可以再添，以不浪费为原则，务求90%员工满意。

工会通过食堂发放肉食、饮料等应挑非繁忙时间去做，以免影响营业操作。

食堂工作人员保持餐具清洁、地面干净、食物卫生、严禁吸烟、工作服清洁及个人卫生。

员工宿舍管理制度

申请条件:工作满七天以上并表现良好的员工。特别原因由总经办批示。

申请程序:填写申请表,部门加意见,人事部审核,总经办审批。

入住手续:交相片1张、住宿按金150元。只提供床垫,被褥自理。

手续完备后:由宿舍负责人发给宿舍出入证,并安排具体房间床位。

退房手续:由住宿者持已批准的辞职审批表到宿舍管理处办理退房手续,经检查所借用宿舍物品及有关水、电、管理费清付情况,在离职表上加具同意退房的意见后,人事文员方可办理退宿舍按金手续。

住宿管理条例:

1. 进出宿舍必须出示出入证;

2. 宿舍每一房间均实行室长负责制。

3. 住宿员工须按预先编排床号入住,不得擅自调动床位,如有发现,将扣罚违例员工50元,再犯者将取消住宿资格。

4. 员工不能进入异性宿舍,晚上12点后杜绝进入其他员工宿舍,妨碍他人的正常休息。

5. 来访者须登记,严禁外人在宿舍过夜,一经发现即取消住宿资格。

6. 晚上不得超过1点回宿舍。宿舍管理人会锁门,或登记来人姓名,翌日报总经理。

7. 严禁私取酒楼物件回宿舍,一经发现,公司将作盗窃辞退处理。

8. 晚上11:30时后不准开音响、唱歌、大声谈笑。共同维护安静睡觉环境。

9. 不得在房间生火,禁止使用电饭煲、电炉等高功率电器及私自拉接电线。

10. 爱护宿舍内的一切设备，不得擅自拆除、搬走、改装和损坏，凡属人为损坏的设备、房间的设备丢失则由该房住宿人员共同负责赔偿。

11. 保持宿舍内外的清洁，不要随地吐痰、扔杂物，不准从窗口、走廊、往外倒水、扔垃圾等，保证过道通畅，不准在过道走廊堆放杂物，各室长负责组织本室员工轮值打扫卫生，做好检查督促工作。

12. 注意防火安全、离开宿舍前须检查电掣、水掣是否关好。

13. 严禁在宿舍范围内聚赌、盗窃、喧哗、打架、看黄色书刊及录像影碟，否则会作开除及报公安追究责任处理。

ZHONGGUO CANYIN
TIANSHU

第四章

基层员工实务篇

总经理作为餐馆的“掌门人”，虽然位高权重，但若想把餐馆经营好，仅靠自己的力量单打独斗是不可能的，必须依靠下属的合作才行。每一位员工都应发挥出自己最大的潜能，以及具备对工作认真负责的态度，如端正思想，待客接物有礼貌，特殊情况下要懂得灵活变通，等等。

上好培训第一课

作用是让大家有一个良好的工作心态和目标。现代年轻人多半是独生子女，贪逸恶劳，只顾享乐，事业心不重，不在乎明天，当然一个酒楼有几百人中只有几个经理，如成功很容易就满大街都是经理老总了，孔子有学生三千，只有72人成材，一百人中只有二个半。

培训内容包括以下几点：

1. 人生意义：十人九品，人各有志，但我认为一个人应胸怀大志，一生中必须干出一番轰轰烈烈事业来才对得起自己，骄傲面对亲人、同学和朋友，宁可昙花一现，也不要籍籍无名过一生。特别是男人面临三十而立之年，还学不到一技之长时，女友问你：有房吗？有车吗？有存款吗？有本事吗？如果你一无所有就真悲哀了，被人抛弃。四十不富、五十必穷也，肯定被人看扁，抬不起头而劳碌一生吧！

2. 自知之明：看看自己是什么东西，胸中有什么真才实学？初中毕业、高中毕业，这点学历怎出来社会去打拼，现今满大街都是大学生，硕士、博士想出头真不容易，但学历不足不代表无前途，眼看50%的大富豪都是没什么学历的，发家全靠脑好使，硕士、博士都为他们打工！怎么才是有脑？读书不成，就要学一门技术，俗语说“有一技之长，走遍天下都不怕。”

如你相貌身材可以，性格外向，嘴甜舌滑者在酒楼埋头去学，三五七年后成为部长经理，甚至总经理。外表不佳，不爱说话，不爱应酬，去当厨工，将来当厨师长，一个月赚个八千一万，亦算出人头地。如男或女各有本事只会令配偶对你更尊重，爱多一点，婚姻牢固。万一出问题，可以自食其力，不用发愁哭鼻子。学到内涵只有好处没坏处，成功在于你有否上进心及肯付出恒心否。

3. 投身餐饮业四大理由：

(1)门槛低，不论学历高低，小学毕业都可以。不论身材相貌。

(2)能挣钱，工资高，工作时间长，没空花钱，管吃管住，十个总经理有八个是从服务员干起来的。

(3)见尽高官商贾，绅士美女，潮流服饰，中外美食，礼仪谈吐，豪华场面，增长见识，思维提高，对将来待人接物，见识处世，大有帮助。

(4)只要肯动脑，表现出色，很容易被上司赏识重用。

4. 做人有目标：有理想就要先定下一个做人目标，有方向才好开展自己。你既然投身餐饮业，就应有野心想当总经理和老板作为你之目标。拿破仑说过三句话“不想当将军的不是好士兵”“我成功，因我志在成功”“在我字典中没有不可能这三个字”。

5. 怎去学一技之长：打工一定要挑名店，跟名师，将来才会身价抬高，工资都会比别人高及信服。开始不要在意钱多钱少，怕辛苦，在乎能否学到东西，有前景才实际，挑一家有归属感之酒楼，埋头苦学三五年以上，在集团晋升上位，学到本事无机会则自闯天下。西方有格言，“Rolling stone gather no moss.(老滚动的石头长不出青苔。)(老跳槽员工学不到知识。)”学东西一定要有耐心恒心才能成，无捷径的，火候不足就是这意思。90 后只想今天享受，不顾明天是不对的。

6. 在决心干餐饮前，先问自己是否符合干这行业：

(1)吃得苦——经常 10 小时当班，假期少，体力劳动大(当上管理人就舒服多了)。

(2)挨得骂——野蛮客人，上司呼喝，同事摩擦，要受得气，被骂完尚要有笑容。

(3)性格外向——常带笑容，健谈，好记性，记住客人名字，懂察言观色，忌内向及沉默寡言。

7. 让员工爱上企业的方法：

(1)发工资准时，福利待遇好。

(2)管理人公道及能从他们身上学到东西。

(3)酒楼规模大,前景好,有晋升机会。

8. 怎样实现梦想:必须完成学技及有储蓄计划,争取艺成获晋升才有机会。凭良心说要实现此目标绝不难!真的可以,在乎你付出多少努力,本行成功例子太多,绝大部分老总都是由服务员晋升上去的。想成功有赖于工作中肯学习,别人放假去享受,而你闭门钻研苦学。所以,在搏晋升期间必须牺牲大部分欢乐时间。不痛苦无收获,很少师傅愿主动教人,他们不是你父母亲友,想学本事靠偷学或动脑。绝不可能轻轻松松,吃喝玩乐就可以当上老总的。

9. 员工怎样可获晋升:

(1)做好本分工作,比别人出色。不要在工作上斤斤计较,吃小亏是占大便宜,工作付出100%甚至120%是有三大回报:得上司提升;博取同事另有发展时,想到你能吃亏,有能力,就提携你;大老板客人用餐时欣赏你才能干劲,而挖你墙脚。所以工作表现出色,肯吃亏,不是便宜了老板,是表现给同事、老板、客人三帮人看的。

(2)学习上司管理方法、本行知识,善于解决投诉,懂得说话技巧,人事编制安排,写菜技巧。偷偷积存各类表格,抄下各部门大小用具清单。晋升后能马上融入工作。

(3)搞好同事间人际关系,不媚上欺下。

10. 当上经理后如何可晋升老总:

(1)花多些娱乐时间去学习及跟同行交流经验,结交各行各业朋友,接受外来新事物。有实学就会心中充满自信,心情自然开朗,有笑容,私生活检点,挖角及慕名之好运自然来。

(2)多看报纸、杂志、书籍,以提高自己知识见闻,应对不同行业客人。习惯大场面,见惯大人物,动脑将店生意提升是大前提,有生意、人气自然急升,本店暂无机会不提升你亦会有别店向你招手。

个人卫生及仪表

客人进入餐厅坐下，抬头就看见服务人员，所以楼面人员的仪表，代表了企业的档次及形象。老板都希望每个员工精神焕发，有气质，仪表得体。

1. 身体：每天洗澡，勤换内衣袜子，多喝水，使大便通畅，令肠胃好，便无口气。忌汗臭与狐臭。楼面人员忌食大蒜、葱、韭菜等令口气重的食物。

2. 头发：勤梳洗，发型朴实大方，保持整洁。男员工不留长发、小胡子、大鬓角；女员工不梳披肩发，以短发为宜。

3. 手：保持清洁，不留长指甲，勤修剪，不涂有色指甲油。

4. 面部：私生活检点，有充足睡眠，才使人容光焕发，精力充沛。女员工应化淡妆，不宜浓妆艳抹。

5. 饰物：不允许戴手镯、别针、戒指（除结婚戒指外）。

6. 工作服：要求整洁无污染，纽扣无缺，佩带工牌。女员工穿裙子时应穿长筒肉色丝袜，无抽丝钩洞；男员工应穿深色袜子。

7. 站立：要挺拔，做到头正、颈直、肩平、挺胸、收腹、立腰、腿直。忌靠墙倚壁、双手合抱胸前或插手衣袋中、伸懒腰、打呵欠、吃零食、两眼发呆、看到客人没反应。

8. 走路：要轻快，不准奔跑，摇头晃脑，边走边哼歌或咀嚼食物，要懂得礼让客人。

9. 微笑：员工的笑容是企业兴衰的形象，管理人的功劳。微笑要发自内心，表情自然，不露牙齿，放小小电。练到“嫣然一笑”最高境界。

10. 气质：好气质，来自服饰品味高，睡眠足自然有眼神；文化修养高，令到谈吐举止高雅，充满信心。

11. 交谈：与客人谈话必须眼看着对方，否则不礼貌。

领位、服务员要有礼貌

1. 五勤：

(1)眼勤：眼观六路，留意客人的需求。

(2)耳勤：耳听八方，留意客人的呼唤。

(3)嘴勤：多跟客人聊天，争取好感，下次光顾指定找你服务。

(4)手勤：勤换骨碟、烟缸、小毛巾等，做到殷勤服务。

(5)腿勤：多走动方便客人寻找，大厅客人结账后送至玻璃门。

帮客提包袋，厅房客人不但送出大门口，还要送上车，关好门。

车开动还要挥手道别为止。

2. 四声：

声音温柔，清脆悦耳。不要在喉咙发音，声音标准要在二米都能听到，笑时标准需露牙八颗。

(1)欢迎声：您好、欢迎光临、欢迎老板或领导光临。

(2)送客声：老板再见、欢迎再来、请慢走。

(3)道歉声：对不起、真不好意思、请多多包涵。

(4)服务声：请、请慢用、请品尝、劳驾、麻烦你、打扰、谢谢、我先忙、不打扰了、马上去查、回头告诉你、请跟我来、这是我们应该做的、我能为你做点什么、如果你不介意，我……吗？请问您需要点什么吗？菜到齐了、您过奖了、没关系、要不要再添一些酒？

3. 三知：

(1)知道岗位业务知识。

①营业时间、各部门电话、邮编、经营内容、消费额介绍、用何种信用卡、交通路线、附近著名建筑物。

②知道客人来电询问的路况。

(2)知道客人的名字、爱好,知道怎么赞美客人。

(3)知道那些不该说的话:

“不知道、没有、这不归我管、不行”。

不说“打包”,用盒装好带走“外卖盒”。

不说“要饭”,用“要不要米饭”。

不说“装得下”,用“坐得下”。

不说“帮你挂起来”,说“帮你将衣服挂起来”。

不说“帮你剔骨”,说“帮你将鱼剔骨头”。

与客人聊天引句

“以前没怎么见过你，是否第一次来？看你很面熟，是不是我们的老客人？”

“看你们衣着、相貌不像本地人？从哪里来的？听你的口音是（东北、上海、香港、台湾、美籍华人）是吗？”

“今天你请的客人是哪的领导，安排挺隆重和气派！”

“你们是来旅游或出差？看你大包、小包！”

“你们通过什么渠道来到我们店？听广播？朋友介绍？住在附近？”

“对我们的装修有什么意见。这店是美国设计施工装修，花了几千万元，可否给我们一点意见。”

推销高档菜技巧

1. “来到我店不品尝一下我店的鲍鱼是可惜一点，吃鲍鱼不用吃饱，每品种点一两份，大家来分享一下，好有个意见。”

2. “我确实未有尝过这道菜，但客人老点，每天销量几十个，所以我感觉是好菜，才介绍给你。”

3. 介绍时令菜式，如十月份蟹最肥，夏天瓜类最好，冬天蛇羹、补品。“你现在不尝尝，就要等明年才有机会。男人不补精神不好，女人不补容颜衰老。”

4. 取得客人信任方法是先介绍一两个便宜又好的菜式，再介绍一个贵价菜，又介绍一个便宜又好菜，互相错开，客人好接受。

5. 推销葡萄酒技巧，“法国人寿命比一般人长命 3 ~ 5 岁，因法国葡萄酒含酒精度在 14°以下，对软化血管，心脏有好处，长期饮用对身体好。”

餐厅及贵宾厅每天营业前后检查

1. 了解当天营业订座情况，做出必要安排、调整。检查摆餐桌是否与定座情况有误差。

2. 检查出勤并将迟到、病假、事假、告假写上批评意见。知道手上有多少人手，足够应付营业需要否？

3. 检查男女洗手间卫生：洗手盆、马桶、尿斗、洗手液、镜子、地面、抹手纸、干净度、亮度、足够度。

4. 检查咨客对讲机、电话机、传真机的功能是否正常、当天报纸数量。

5. 环境收拾如：地毡、工作柜、毛巾箱、死角之卫生、餐桌、椅子之行气，看杂物收藏，检查现有之碟、碗、勺、筷、餐巾、台布足够应付今天生意否。牙签筒保持干净，菜谱、胡椒、盐盅、抹布预备，托盘每一个清洗干净。清洗植物叶子灰土。报纸杂志、音乐 VCD。

6. 检查侍应摆餐具是否随便乱放，摆放要合格。金属、水杯须明亮无油渍，瓷器无缺口，转盘干净清洁，茶几面卫生。台号牌齐全有否放错，领位写好留台卡否。将各类杯预备好，上什么酒必须跟什么杯。

7. 感应空调温度合适否，有否部分照明漏开，背景音乐播放。

8. 下栏盘干净无垃圾，查看热水炉，茶壶数量，芥酱，茶叶，煲饭情形，饭碗足够否。

9. 贵宾厅多检查餐位人数，沙发摆放，衣架数量，音响有问题即修，有外宾需备英文菜谱。抽柜不能放私人用品。

10. 每天开例会检查员工制服，个人卫生，提出昨天发生事件，好的表扬，坏的批评，培训员工，介绍特别菜式或需紧急推销某个品种菜式。

11. 下班前找厨师长及楼面管理人开会，将一天发生之投诉及意见，分清责任，怎样去处理及日后改善方法。做每天汇报表交上级，下班前检查各类柜锁，水电开关，客人全部离去，收银结好账方下班。

点菜技巧

楼面管理人及营销人员必须能开菜单，大家在营业前一定要熟读该天的沽清单及厨房急推资料，避免点完菜再告某个菜沽清，令客人生气。

1. 递给客人两个以上菜谱，不可心急要求马上点菜，让客人有5～10分钟读内容。

2. 当客人示意点菜，站在客人视线35～45角度，微弯身，不靠太近，不准手按桌面，留心聆听及写在纸上，点菜完毕要道谢及重复菜内容及分量，避免听错。

3. 不要只做点菜员需要做推销员，客说什么你写什么，就不够水平，应介绍营业部及厨房房间推销菜式及特色，当然勿令客人负担不起，客人不懂多点了菜，亦要告他太多了，让客人感觉你为人公道及关心他。

4. 很多人自己喜欢什么，就认为是好菜，其实亦要写一些你不喜欢的菜。

5. 推荐菜式，多次遭拒绝后，不要面露不快，俗语说“十人九品”，各有不同味，你觉得好，不代表其他人说好，要继续热情听取客人点菜，学习新口味。

6. 客人提出菜品而你不认识，问客人用什么材料，怎么煮法，然后告客找厨师长问能否做。推荐菜式，必须中间有些便宜有些贵点，否则会埋怨无一个值钱。

7. 点菜后顺便问客人用什么酒水，提议客人早点预备酒水是最好的，不耽误入席后着急干杯好意，如主人坚持等客到才问客喜欢什么，那就自己灵活预备一些畅销酒水。

8. 办妥入厨单及领酒水后，按菜单内容，备配套餐碟，工具、酱料，煮车等工作。

9. 如所点之菜遇到沽清，向客人解释因这菜式，需事先加工制造，备量不多，碰上今天点这个菜人太多，所以提早沽清，介绍另一个菜式跟被取消那个菜相近。

10. 点菜技巧是先清淡后浓郁，特别是凉菜，一开始是辣的会破坏以后菜品口感。荤菜要留意品种不能重复，以炒、煎、炸、扒、红烧等品种挑两三个，青菜、猪、牛、羊、鸡、鸭、鸽、炖品、羹等品种中挑三四个。

11. “察言观色”，就可分清哪大方哪抠门的。餐饮工作者要懂看人，看客人的穿衣打扮，说话神情。“大腕”者，鲍翅、海鲜，可全力推销，精打细算者高档菜来一两个，家宴或铁哥们相互请客者推荐点实惠菜。

12. 不同国家或地区有不同之口味：

(1)英国美国人喜欢煎炸、香口，酥化食品。欧洲人喜欢用餐喝红酒。

(2)印度人忌牛肉，他们奉牛为神圣的。

(3)伊斯兰教不吃猪肉，用猪油炒菜不行，大多数人烟酒不沾。

(4)亚洲人、东北人、四川人、湖南人、湖北人、陕西人口味重爱浓郁，大鱼大肉，口味：麻辣、酸辣、干辣、鱼香、怪味、红油。

(5)上海、浙江、江苏人口味偏甜及酸。

(6)广东、香港、澳门人口味清淡，不太辣，多汤水，海鲜蔬菜为主。

(7)回族人不吃猪、狗、马、骡、驴肉。

(8)藏族：手抓饭、肉包子、馅饼，吃猪、牛、面条（猫耳朵）酥油茶、青稞酒，不吃海鲜、马、骡、驴肉。

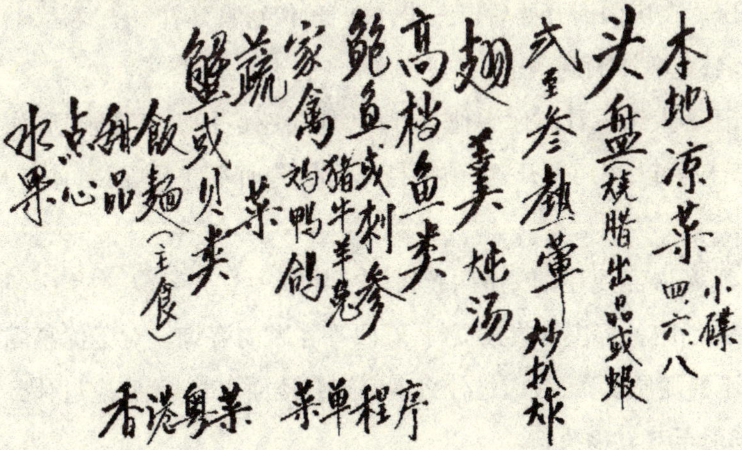

咨客及服务员服务规范程序

1. 服务人员最重要的素质是心中有先知先觉的服务意识形态。会拍马屁、懂察言观色、小嘴甜甜、个性化服务，什么场合说什么话，好记性，记下客人名字、爱好及亲友。

2. 咨客是客人进入店的第一印象，表现好坏直接影响对店的形象。当班应常挂笑容，正确站姿，排行整齐安静，忌聊天，给客人一个五星级管理的宁静感觉。

3. 必须记性好，记着客人姓名，他的家人、朋友，爱好习惯，适当时说些赞美、羡慕话，务求令到他在朋友面前有面子。

4. 带客保持约 1.5 米 ~ 2 米左右距离，不时回头。带位途中感觉是大客应用“老板、领导”来称呼，主动聊天，争取好感。带到散座或包间要见到服务人员接手才可离开。

5. 与客交谈察言观色，留意场合，与什么人在一起该说些什么，懂避忌，切勿口无遮拦，好事变坏事。

6. 带客至厅房门口，转身向左后退一步，用左手打开门，腾足够空间让客人进房。在房内离开要后退三步才转身，像行宫廷礼。上菜后，后退一步才报菜名，免唾沫洒到菜上。

7. 让客人亲眼看到你为他打开门，他会感谢你。客人未到，如在下楼梯中，车未停定，车门未开，就预早打开门是劳而不获，到两米才打开，客人感受到。

8. 送客语言：请慢走，多谢光临，欢迎再来。

9. 主动向各部主管收集资料，好回答客人的咨询。对于优惠问题不是全清楚不要随便承诺，答应过什么事应知会楼面主管，无答应过什么亦要说明，否则引至双方争执。

电话预订规范语

所有接通电话时礼貌用语:“你好,这里是××店,有什么可以帮到你?”

询问日期,防止问完其他资料才发现已没空房间,使客人不满。

程序:日期,中午或晚上,到达时间、人数、包间或散座。

询问喜欢用公司名或个人名来订座,十个订座七个是手下秘书代订。

新客的话还要问预留鱼翅、鲍鱼、海鲜或名酒,如需写菜,问客人什么国籍。

尽量不告诉客人什么房名,影响调动灵活性,除非客人强硬问,告知后写上“客知勿动”。

餐饮部开会规范

1. 开会首先按记录回读昨天或以前未完成工作，追问经办者结果，未完成应提醒、批评或处分。

2. 主持人对每个人反映之问题有所表态，是赞成或否定，添意见或押后，表扬或批评，谁去负责解决，限多长时间完成。谁跟办，记录写明。未完成事项又写上，天天写，天天追问。直至完成才停止，切忌顺耳就处理，不合心意不表态，说完没下文，大家就无积极性，下次不提免大家烦。

3. 主持人秘书应在每天会后三小时左右，去电有关问题经办者，追踪已办进度，如在进行中，中途是否遇到困难，怎解决，估计何时完成，提醒各人完成，烦就烦一点，但工作效率就大大提高。

零点餐厅服务程序

咨客带客到:“欢迎光临,先生小姐,晚上好。”发点菜卡。

拉椅入座:派小毛巾,问茶或问饮料,递上菜谱。三个服务由同组人互帮快速完成。

茶到:倒茶,收回,擦过小毛巾,重新派新小毛巾。

为客点菜:给客人介绍菜式,重复所点之菜品种数量,去开入厨单。

合适时间上小食:脱筷子套,铺餐巾(客人坐下会先欣赏、装修、餐具、员工素质、找相熟员工)。

自我介绍:“我叫小娟,负责服务这张台,有什么需要,请随便吩咐我。”

上第一道菜:问客人要否白粥或白米饭,每道菜都要大声一点报菜名。

进食中服务:换骨碟,烟缸,小毛巾,倒茶,添饮料,转小盘,催菜。

撤台:“各位,食好呀! 我来撤走这些餐具? 给你们换壶热茶!”

重新热茶到:倾倒已凉之茶,倒热茶。

问加添:问客人须否加添甜品,水果,咖啡等。

问意见:“各位,我们菜式的味道跟服务怎么样,请给点意见。”

买单:“多谢,2320元(稍大一点声音)。多谢! 要不要开发票或停车卡盖印。”

送客:“多谢! 请看看有没有漏了东西,多谢,请慢走,欢迎下次光临。”(如果客人有大件物品,要帮客人拿出门口。)

贵宾厅房服务程序

上岗首先检查所服务厅房,菜单内容,预备所需资料,刀叉及有关器皿。

有什么自来洋酒,蛋糕小食。了解主人家资料,如喜爱及厌恶。

咨客带客到:“欢迎光临,先生/小姐,您好或晚上好。”

请到沙发坐:挂好衣服,接过杂物(蛋糕、酒类等)。

闲聊几句:介绍自己,派毛巾,上茶,收回毛巾。

为客点菜:咨询请客人数,大约消费,介绍菜式,开单入厨,告客大约消费额。

询问饮料:避免入座才问,影响上饮料速度,应尽早备好红酒、白酒、果汁、饮料、特种杯。

预备器皿:按菜单所需备好所需一切。

人齐入座:通知管理人派人帮上酒水 5~10 分钟。

上第一道菜:每道菜都要大声一点报菜名,菜单打勾表示已屋,鱼翅、鲍鱼、燕窝等需现场煮,提醒客人观看。

干杯后添酒:派专人重点服务,主人家很介意这点。

进食中服务:分菜(快、准、干净)换碟、烟缸、小毛巾,转小盘,快慢控制,添饮料等工作。对晚来客人立刻拉椅,先上酒水,后加餐具。不能慢上水果。对晚来客人立刻拉椅,先上酒水后加餐具,不能慢!

撤台:“各位,食好呀!我来撤走这些餐具?给你们换壶茶!上水果。”

重新热茶到:倾倒已凉之茶,致热茶。

问意见:“各位我们菜式之味道跟服务怎么样,请给点意见。”

买单:“多谢,2320 元(稍大一点声音读出),这里是 2400 元,多谢!要不要开发票或停车卡盖印。”

送客:“多谢!请看看有没有漏了东西,多谢,请慢走,欢迎下次光临。”

(如果客人有大件物品,要帮客人拿出门口。)

上菜大约有四种方法:

1. 一大堆齐上,不用分先后。
2. 转盘上或餐车上逐个分。
3. 厨房里分好餐逐位上。
4. 堂煮后逐碟上。

传菜及划单工作规范及程序

传菜部是一个平常轻松，但在高峰时一个半小时内不容出错之部门。

一个菜式之错乱，令厨房、楼面、收银、客人四方面带来怨气。

划单人及打荷者控制每张台，每个贵宾厅，每个宴会之出菜情况，他们一定要眼明手快为厨房出来之菜肴在菜单上打勾，熟悉每一道菜名字，跟配汁酱发觉某张单之菜太快、太慢、程序不对，台号夹子不对菜单上菜式，漏单等，喊叫厨房打荷部改正，所以平常要跟楼面及厨房员工打好关系，方便工作。

1. 记熟店内环境地形，包间位置，散座台号位置。

2. 背写菜谱及各类菜式搭配酱料二三遍。

3. 在工作中不可大意，入单或菜式都要看清楚木夹子号码，不得马虎大意，否则带来楼面、厨房争吵混乱，送菜要跟好酱料及用具，如刀、叉、钳、夹、炉、盅等。

4. 划单者需眼利手快，开始对菜式不熟悉，但需努力去牢记。

5. 对某种菜式需加盖者，切勿贪快懒盖，否则影响菜式之质量。

6. 快速传菜及跑楼梯中，应常有戒心发生碰撞，心中预好，发生时怎么保护技巧。走路快中求稳，并要留意前方环境，是否有小孩，或有走路不长眼之客人或员工。

7. 传菜员在送菜途中有责任监管食物，如有人偷拿，应制止，不听者应上报，否则事发后犯上不负责任，遇事不报的罪名，鼓励他人偷吃，双倍于偷吃者罚款。如事情产生严重后果，有关人等会开除，管理人重罚的。

8. 单上角写上“叫”代表楼面需通知传菜部“叫起”才起菜。单上角写“即”代表客人已在座，入单厨房尽快来菜。单上角写上“叫一来一”代表客人用餐很慢，菜需来完一个吃完后通知才能再来一个。

9. 生意特别好，重要假期及旅行团多时，白米饭供应量大要格外安排。

酒水服务规范及知识

1. 上汽水啤酒时，打开瓶盖时应保持距离，小心喷出气泡弄污客人衣服。上酒水要站在客人右手边。

2. 上汽水啤酒时，最好够凉，大约 8℃ ~ 10℃起码，否则气泡多兼不好喝。

3. 介绍中国白酒如茅台或五粮液等，分高度53 度及低度38 度，酒要在客人面前看过才能打开，开后不可将瓶盖扔掉，喝不完建议带走。

4. 爱喝白酒的客人一定要多加“照顾”，不停为他们添酒，客人高兴，店也赢利。

5. 专业饮用红葡萄酒要符合室内温度，最好 16℃ ~ 18℃，需提早一小时打开瓶塞，让酒与空气接触，红葡萄酒切勿冰冻或用冰桶上。

6. 饮白葡萄酒可冷却至 8℃ ~ 10℃。香槟和有气泡酒可冷却到 4℃ ~ 6℃。

7. 贵价红白酒，开瓶后要观看瓶之软木塞的干湿度及嗅是否变质味。

8. 专业试酒的八大步骤：轻摇摆酒杯；对着光线，欣赏酒色；鼻进杯内闻赏酒香；酒进口中，用舌浅尝；满吞咽喉；放松身体；回想酒味；赞美批评。品酒时将杯倾斜，借阳光看清酒之颜色。

9. 新鲜红酒是紫红色，成熟期转血红色，熟透至陈年程度转至琥珀色。新鲜白酒是青苹果绿色，成熟期转黄或蛋黄，熟透到陈年转至浅咖。观看浓稠或清晰度，酒之挂杯痕(酒的眼泪)与酒质好坏说法不一。

10. 专业评酒香用于：芬芳花香、水果香、香料香、橡木桶香、丹宁酸味，菇菌香。

11. 何谓“好酒”？至今都难有一个标准，人有不同性格，就有不同爱好，如甜、酸、苦、涩，怎可相强。一句话“你喜欢某牌子酒之口感味道，就是好酒。”或是相信专家、广告或传媒说某牌子是好酒，你就认同吧。

结账及送客规范及程序

1. 结账时要睁大眼睛看清楚台号、厅号。

2. 结账时只用手指单上银码，不用口报，有些主人不想客人知道花多少钱。

3. 结账无打赏，开口索取或表情不高兴乃犯严重过失，即予辞退。

4. 如用信用卡结账，自己日常去了解清楚本店接受什么类型信用卡。当客人签完名后，你应撕卡主联交回客人，但不要撕错。最后提醒客人不要遗留东西，客人离后还要检查是否漏东西。

5. 信用卡过不了账，可轻声对主人说“信用卡磁带花了，可否换另一张卡”，客人会心知肚明，如有异议可一起到外面商量。

6. 客人签卡连小费一起写在内，可将小费数目登记在部内，一个月后财务过账再发还给楼面。

7. 每家店都会批准一小撮客人可以签单或打折扣，自己应去财务或收银处了解清楚资料，不要等客人提出才去查究。

8. 每个经理都可批准客人签单若干，不能超过其工资额多少，经理让客人签单后，自己有责任去跟办收账问题，否则收不回时会在经理工资扣回就大伤感情了。

9. 散座送客送至领位处，送贵宾厅客代提物品送至大门上车上，车开动后还要挥手说再见。此举最能感动客人。

国宾客人特级服务要求

1. 接到重要宴会,通知主管级及以上级别人员开会分工检查布置及其他安排。

2. 楼面部出岗前讲解宴会重要性及工作安排细节,如:岗位、菜单内容、所跟配料、酒水供应品种、什么菜需要换碟,统一步骤。

3. 挑选优秀及品貌端庄的迎宾迎接客人,优质的服务员为客人提供服务。

4. 12 人要用 2.4 米直径桌面才合格,灯光照射不对的话要通知电工改。

5. 花草有无清洁尘土、修剪枯叶,盆花高度是否适中。家居摆放位置对称否,背景音乐、空调及灯光是否漏开。

6. 将房间用香水薰,薰至合理程度。

7. 台布、口布是否干净,整洁,有皱纹要用熨斗熨平,有无破孔。

8. 转盘上放一点腰果、核桃、花生等小吃,来填补等菜之间有点东西吃。

9. 服务员要眼观六路,耳听八方,以热情服务宾客。服务员之间要有默契,勿同时走开。无论什么情况,厅房一定要留守一名服务员。客人要谈事情除外。

10. 十人以下重要宴会一人服侍一人,在外排队托着餐一齐进场上菜。指派某服务员大部分时间留意干杯添酒服务。

11. 注意上菜速度不要快也不要等,经理、主管现场盯着用餐进度与厨房配合出菜。

12. 主人及左右主宾三分菜必须一齐上,如主宾不止三人,亦需等够才一齐上。

13. 食完很辣的菜后,筷子及筷子架都要换新。

14. 喝完一瓶红酒换另一种红酒,杯子要换新的。

宴会接待的规格

A级

接待对象:国家部长级以上人员、人大代表、政协委员长等。

接待规格:

(1)预留车位。

(2)控制专用电梯。

(3)安排豪华厅房,选用豪华椅套。

(4)预留工作人员陪同餐。

(5)大堂外侧或厅房内设欢迎词横额或企牌。

(6)安排献鲜花或献襟花(视具体情况而定)。

(7)客厅备豪华果盆,精美点心。

(8)台面布置:摆放鲜花(标准500元/椭圆台,200元/2.5米台,需提前预订);选用相应色彩的桌旗和丝绸垫布;根据厅房的环境,餐具选用玉器或水晶器皿。

(9)席间提供中乐或西乐伴奏。

(10)赠送纪念品(本公司形象画册、定期精美点心套装等)。

(11)用餐折扣(视具体情况而定)。

迎接分店总经理偕同副总经理在大门口停车处候立欢迎并陪同送往厅房;楼层经理主任站立电梯口两旁候立欢迎;由宴会服务小组人员在厅房门口迎候欢迎。

服务:服务工作由宴会总监、楼层经理亲自跟进、监督;根据服务要求全程分菜。服务操作由宴会服务小组主任级、部长级担任。

出品:厨部出品由厨师长亲自检查、跟进;地喱出菜控制由后勤经理检查、跟进。

安全:由保安部派专人负责安全保卫、保密工作,清除闲杂人等。

敬酒或探望:餐中分店总经理及副总经理到厅房敬酒或探望(视具体情况而定)。

埋单:由收银清点各项费用并累计总数交楼层经理,按规定为客办理结账手续。

送客:客人离开时,由楼层经理陪同客人至大门口,咨客及时通知总经理。副总经理在大堂门口等候与客人礼貌道别,并送客人离开。

B 级

接待对象:省、市政府领导、军区领导。

接待规格:

(1)预留车位。

(2)控制专用电梯。

(3)安排豪华厅房,选用豪华椅套。

(4)预留工作人员陪同餐。

(5)台面布置:摆放鲜花,选用相应色彩的桌旗和席巾;餐具选用银制器皿。

(6)赠送纪念品(本店形象画册,精美果篮等)。

(7)用餐折扣(视情况而定)。

迎接由经理和副总经理到大门口候立欢迎并陪同送往厅房。由岗位宴会服务小组人员在厅房门口站立欢迎。

服务:服务工作由宴会总监助理、楼层经理亲自跟进、监督;服务操作工作由宴会服务小组部长、服务员担任;根据服务要求全单分菜。

出品:厨部由副厨师长监控出品质量,地喱部主任做好出菜控制工作。

安全:由保安部派专人负责安全工作,做好保密工作。

敬酒或探望:餐中分店副总经理及楼层经理到房敬酒或探望(视具体

情况而定)。

埋单:由收银员核对各项费用并累计总数交楼面经理,按规定为客办理结账手续。

送客:由副总经理、宴会总监助理、楼面经理陪同客人送至大堂门口,礼貌道别,并目送客人离开(视具体情况而定)。

C级

接待对象:一般政府官员、公司、企业事业单位总经理。

接待规格:安排高档次厅房。

台面布置:摆放鲜花;餐具选用银制器皿。

大宴会举办成功的重要因素

1. 磋谈宴会时要专业,落实好各类制度。

2. 在店将宴会需求细节预先分工并进行监督。

3. 宴会举行前一天或当天开一个前厅、出品、后勤碰头会,让参与者全清楚工作分配及解答问题。

4. 摆好宴会筵席要服务员操头盘上菜路线。

5. 宴会举行时,店现场指挥者由开始到结束监控布置、摆位、出菜、服务、仪式等。有问题与客方及时沟通、解决。

6. 宴会后,将发生过的优点、缺点记录在档案上,并及时改善工作。

服务员必须清楚大宴会下列细节:

1. 明白菜单内容,有何种配料,有何种器皿及设备。

2. 清楚大会供应什么酒水,哪些不供应或自费。

3. 仪式举行中有哪些过程要拍掌、靠边站、不准有声音或离场。

4. 熟知所管餐桌及到哪取菜。

5. 将宴会中好坏问题向主管汇报,有时基层的意见让你得益不少,意想不到。

预备工作:

1. 清楚举行宴会日期,事先停止员工例假,集中人手接待,细读宴会细节安排表。

2. 了解宴会性质,检查餐桌面,餐椅数量,不够想办法借或买回来。

3. 检查本身瓷器、水杯、台布、餐巾、玻璃转盘、镀金餐具、红地毯、气球拱门。

4. 通知美工部做好横额字,门口立牌。由什么特别布置,红布。

5. 如喝中国白酒或其他存货不多酒水,通知采购部补充。

6. 宴会前一天去电主人家，落实人数，让厨房备好货。

7. 要求宴会议程安排表，考虑客人布置要求，检查有否足够装饰材料，如自助餐炉、小木箱、颜色绢布、盆景、细长方形宴会台、台裙、抽奖箱、签到台、演讲台、鲜花、蛋糕等；预留停车位多少、司机人数、接待办法、卡拉 OK 系统；电视、鲜花、餐前酒吧、印席珍。

8. 做旅行团宴会最重要的是先备好两锅白米饭，菜到即上，客人就无意见。

大宴会楼面服务程序

客到说:"欢迎光临" ⟶ 派毛巾 ⟶ 收毛巾

引客见主家或见客迎宾组交际一番 ⟶ 带酒会区饮杯

随便就座或按编排入座 ⟶ 逢人上热茶

人齐铺席巾脱筷子套 ⟶ 毛巾碟互相挨着,免取错

接讯号上酒水 ⟶ 收茶 ⟶ 上配料

事先问好台号牌收不收(备抽奖用)

司仪上台开始,部长备好祝酒饮料

主人致辞或敬酒(服务员可能须靠边站)

演讲完毕帮手鼓掌,演讲期不必要勿走动

仪式完毕上头盘,按原来路线操队上菜

以日常宴会服务,每个菜须报菜名

中途补添酒水,客人中爱劝酒者,跟好添酒服务

餐中勤换烟缸、骨碟、毛巾 ⟶ 司长级向主人家敬酒

有虾或蟹上洗手盅,事前问好主人鱼类需否起鱼骨

主菜上齐上热茶 ⟶ 上饭面

清餐具 ⟶ 上水果 ⟶ 添热茶 ⟶ 客离席提醒勿忘包袋等

管理级站门口送客

对内宴会细节通知单

编号

主办方名称：		宴会举行　　年　月　日星期
LED 内容：		地点：　　　　　时间：
主办人：	手机：	酒店接办人　　　手机：
桌数：	每桌菜价：	保证最低人数或桌数
已付订金额：	收条号码：	会议室数：
场租：	需要客房数：	用多长时间：
谈妥付款方式：	需住多少天：	酒水安排
布置安排		前台工作
		美工指示牌
		背景板
		绿植
		音响
		工程
		保卫
		婚庆公司付押金数
		当有 20 间以上预定客房，知会副总派 5 个人当天中午协助抢房打下手
会议台型		
菜单内容		谈预定房生意时，提醒早上交房时间是中午一点或二点，别一早就来催促，双方狼狈。
		备注：
签发人：	下单人：	
	年　月　日	

服务技巧

1. 服务员初出社会工作，心中要有预备，不再是家里大小姐，是出来打工。努力奋斗，将来会出人头地的。

2. 凡是楼面新人进店一定要派去传菜部学习一段时间，抄整个菜谱两遍，熟识菜名、菜样、跟哪类汁酱、进单出菜等程序，店之地形台号。这做法是很实用，不要以为不受重视或看不起。

3. 好服务的标准是：点烟、倒酒、微笑开口服务、勤换骨碟、小毛巾、烟灰缸、托盘代表服务员之手、桌面整洁（食物用完碟收走）。

分菜标准是快、准、干净。领位引客坐下后，半分钟内要有人接待（问茶或派毛巾等服务）。客人点完菜后，凉菜应十分钟上桌，热菜应十五分钟内到。客人叫结账应五分钟内账单送上。报菜名必须加上两句吉祥语。

4. 厅房三个重点服务要点：

(1)入席时要在十分钟内上齐所有酒水，满足"主人着急举杯欢迎客人"。

A 计划：点完菜问主人需点什么饮料酒水，如主人说等客人来才点实行。

B 计划：多借十种流行酒水。入席时人数十人以上向管理人发求救信号。

C 计划：部长马上抽调两三名人进房帮上酒水十分钟后就可撤走。

(2)派专人盯着干杯添酒服务，满足"主客互相想喝倒对方心态"半数客人对喝酒重视多于吃菜，只要酒喝好，什么都叫好，拼命干杯，对营业额又有帮助，主客都高兴。

(3)菜肴宁在桌上凉，好过在工作台上凉，菜到尽快上，不依常规亦可，否则厨神亦死你手上。大排档菜好吃就因为炒锅在桌旁边。

5. 包间服务中让顾客感动，说我们服务好的三个绝招？

(1)经理及主管应进房为客人做简单的服务，倒饮料、添酒、换骨碟，客人会觉得受重视，有面子。千万不要进房就派名片。

(2)送客要送到门口，帮客人拿包，帮客人开车门、关车门，车开后挥手，服务员要健谈，小嘴甜甜，光靠倒酒换好骨碟、毛巾这些服务是收效很低，要懂得“套词”才能留好印象。

(3)门口迎客；亲自点菜；不少于三次进房服务问候；送客至车上，挥手再见；客人五天不来，发短信或致电问候。

6. 服务员要保持与客人的距离，不得太熟络，说话保持一定分寸，客人永远是客人。更不能太多口，说话要眼望客人，面带笑容。要聪明些，多工作，少说话。

7. 优秀服务员先知先觉，不要后知后觉，客人拿出香烟，立刻上前打火，客人身体稍有动作，立刻上前服务，并猜到他想什么。有空跟客人闲聊家常，问候他家人、朋友，搞好关系。十个客人有八个高兴服务员能跟他聊天。

8. 服务员在进贵宾厅前，应透过玻璃窗往里面看一下，如果有人，应先敲一下门再进去，这是最基本的礼貌。客人谈事时，站远些，客交谈勿插嘴，对客说话忌谈昨天事，否则可能坏事闯祸。

9. 见到轮椅客人要帮忙推或搬，老人行动缓慢，勿笑或议论，相貌奇丑不能大惊小怪，瞪眼张口。轻微小拌倒或客人放屁，不准笑，假装什么都没发生。

10. 跟客人谈话完毕，能退后一两步才转身离去是五星级礼貌，客人用餐时对菜肴有所发问，你往前一步细看菜肴后，要后退一步才能回话，避免口水花飞溅在桌上菜肴，亦是五星级礼貌，这叫注重小节显心思。

11. 官式或高级宴会桌上服务标准要因地区不同而制定，在香港、广东、上海及北京，他们受了西方礼节长年熏陶影响，喜欢正襟危坐，喝红酒、爱分餐制，菜式逐一上桌，吃完再上下一个菜，但东北、四川、中原一带客人则以喝酒为主，食为次要，来回走动去劝酒，不用分餐，菜式全堆满一桌，自己动筷，外国人及香港请客，客人吃干净主人高兴，点多少吃完才不浪费。北方则相反，一桌菜只吃一半才有面子，吃得干净反而是怠慢客人。酒喝好就什么都好,酒喝不好,厨神煮菜亦白搭。所以服务要因人而施,个性化服务也,否则好心做坏事。

12. 偷食是严重损害酒家名声,导致厨房和餐厅发生矛盾和吵架,厨房是足斤足两做菜出来,哪个缺德服务员从中拈起1~2件,他拈自然拈最好那件,这样客人呱呱叫,以为酒家坑人,就算经理亦会冤枉错厨房,所以这样害客人,害员工,害酒家,罪行是犯天条,即走人。

13. 楼面服务人员一踏进店内,就像踏出"虎渡门"一样,要将私人烦恼全忘记,全心全意投入工作,笑脸迎人。烦恼牵挂着只会影响工作,开错单,上错菜,心不在焉,引至被上级责骂更不好。

14. 客人询问一些关于账单内容,收费细节,特别菜式做法,有货或无货,活的或冰鲜的,你不清楚时,不要胡乱作答,敷衍客人,应说我是新来的,我去问问,否则会产生严重后果,令管理人背责任或麻烦。客人所点菜式,你不懂不要马上说没有,问客人用什么材料,怎样煮,请示经理,可能你经验不够未见过。

15. 首先给小孩拿婴儿椅,没有婴儿椅可将两把椅子摞起来,远离过道及上菜位,小孩面前要远离高脚器皿、尖锐餐具及烫东西,并提醒家长管好自己的小孩,因为小孩天真、无知,在不知不觉玩耍中意外受伤,请派人监管。

16. 同事之间发生意见切勿在楼面大吵大闹,影响场面,令客对餐厅印象大打折扣;切勿他骂你,你骂他,他动手,你反击,这样两个都解雇,不管谁先动口或动手。如他骂你,你警告他:"不准骂人,再骂我告诉经理。"他打你,你应马上走开,不准还手,并喊他打人,将事情报告上级经理。

17. 同事比你至亲之人还要亲,朝夕相对九小时以上,关系搞不好,互看不顺服,日子难过。人与人相处在乎包容和理解,多想对方好处,慢慢就感觉对方不是这么可憎。

18. 服务员有责任跟好其管理下客桌之每一道菜,包括来迟、来早、漏单、错单、缺货取消,最终令客人不满或取消该菜式者,要扣分或按当时情况追究传菜或厨房责任否。

19. 领位当领客人时，要不时回头留意客人，不要离太远，客人不喜欢坐你领之台，让他自己挑，千万不要表示不高兴。甚至于领位领客至刚撤之台，服务员不准向领位提意见叫坐别的台，将客人变“人球”推来推去。领位有权带客到任何餐桌，服务员无权干涉或背后非议，否则破坏客人进门第一印象。

20. 领位、服务员或任何一位员工接待客人坐下，模棱两可的承诺可能在结账时带给管理人很大麻烦，会跟客人争执，如贵宾厅消费若干，免费饮料供应，打折扣多少，营业时间，特别是客人点完菜一定要大声一点报菜价或写条告知客人，不要擅作主张将例牌改中盘。

21. 服务员及餐厅管理人千万不要因客人标准低，马上将面孔拉下来，冰口冰面，这种表现后果就麻烦多多。

22. 见到宴会临时多来一客人，放下任何事应马上替他添椅子，先倒饮料，后拿餐具，不要怠慢，需反应灵敏，餐具可在邻近空台先拿，后才补回，争取第一时间服务。了解谁当主人心情都是着急。

23. 员工如不小心打翻菜肴或洒了些菜汁或水在地上，全不理会或没人看见就离开，此行为会害至他人滑倒，年轻人可能痛一会就没事，年纪大可能骨折或更严重受伤。万一摔倒的是客人，店老板就可能赔付大笔金钱。如真发生上述事，当值经理多数会下岗。

24. 服务员之间应发挥团队精神，有客入座，互有默契，你派毛巾，我问茶沏茶，他跟着上菜牌，不要一窝蜂，一个接一个，从容不迫服务，五星级食店全都这样，效率高，否则忙死甲，闲死乙。

25. 遇到客人打翻饮料及食物在桌上，应马上过去用餐巾垫好处理或再上饮料，切勿爱理不理。打翻在地毯上或椅子上，应马上用力擦去污渍或用脚踩布吸渍。毯内水分吸收到布中，否则地毯将水分或油吸进去，再清洗就困难及不好看。最反感就是打翻东西还视若无睹，全无错感或内心有愧感，慢慢才去清理，没人看见就算了。

26. 茅台、五粮液昂贵洋酒要当客人的面开启。客人酒水喝完，要得客人同意才可再打开新饮料。贵重如洋酒，高档白酒，没开封的要问清楚客人是否还用，如还用则结进账里，不退酒吧。

27. 菜慢有两个原因：

（1）入单慢：点菜者知识不够，研究时间长，客不信任，点菜之食物太集中某部门，传菜分单慢。

（2）出品部：砧板备货不足，受欢迎的菜系应该多预备，多做半制成品，打荷不可积压太多同类型之菜才让厨师炒。客人追菜，先查收银及传菜有单否，经常不查便追打荷，打荷敷衍对付说在做菜中，再追多次才发现楼面、传菜、打荷都犯官僚大意之错。

28. 打破玻璃器皿，将碎片拣起放在下栏盘内，又是缺德非常，洗碗工很多不在意一手伸进去，会满手流血，因玻璃是透明，很多时候会中招。应马上亲手将碎片扔到垃圾桶内，并要很小心用抹布清理好台布上玻璃碴，否则客人手掌一放在台上，又会受伤。

29. 结账时只用手指单上银码，不用口说，有些主人不想客人知道花了多少钱。付现金者，扬声收到多少钱免后争拗，并问客人要停车盖印否。信用卡过不了账，可轻声对主人说"信用卡磁带花了，可否换另一张卡"，客人会心知肚明，如有异议带到外面再说，结账无打赏，开口索取或表情不高兴乃犯严重过失，即予辞退。

30. 收台时，要为洗碗工着想，餐具要分门别类的放在胶盘，特别是客人未离开时，将吃剩的饭菜叠倒在一起，看到令客人恶心。收台时，要注意台布内是否有牙签、金器、餐具等漏清理。重瓷器在底，轻在面。水杯、小毛巾独立处理，快得来有步骤兼轻手声音小。

31. 用脚踢门关门，搬沙发、家具等，粗鲁动作导致破坏门框，壁纸，云石地面，特别是男孩犯最多。后果是重罚甚至开除。搬椅应手抱或提，勿拉否则破坏地面。

32. 留意南美洲、亚洲老外购烟酒，要这要那，转移你视线，切勿让骗子接触到收银台钞票，他们之手特别厉害，偷龙转凤，会偷走钞票你也不知道，一定要保持距离，别让他们摸到你的钱，他们就无计可施。

用一些你不清楚的外币买东西，如波兰、菲律宾等纸币，说是英镑马克。

进餐厅或厅房称是豪华宴，先要好烟好酒，跟着说到门口等人或打电话找借口走人。不能上当，要见到客人到才开票或先付押金。

男在外面骗女进餐厅吃饭后，找借口溜走，将女的留下来背锅付款。

借口找人在餐厅游荡，找目标，下手偷包，通知路边客人将椅背的包箱放台底防窃。客人如将外衣套在椅背上，提醒"拿出贵重物品，放回身上，以免被顺手牵羊或旁边桌客人扮贼窃走"。

33. 工程人员及楼面人员不要将化学稀料（如香蕉水、醋、酱油）等用玻璃器皿或瓷器茶壶来盛装，用后忘清洗，楼面不知道拿去盛酒水或茶水，会出现有化学味道，带来严重投诉及赔偿恶果。

34. 服务员一定要有从地上捡小垃圾、烟头、牙签之习惯，上司十分在意楼面人员能这样做。

35. 要求员工爱店如自己是股东，爱护店财产及设备，轻拿轻放，不粗暴使用工具，工作不能分得太细，哪些该我哪些不该我，否则公司要多请很多人干活，工作不斤斤计较是吃小亏占大便宜的。管理人有时要硬点对他们说：工作分派不是由你说的算，如果每人都自己决定该干什么要管理人干什么，最终由经理说的算，以前的规矩不代表不可以更改的，你接受不了也总比店接受不了好多的。

36. 遇事不围观，有投诉、吵架等大家不要一窝蜂拥过去，看好客人会否走单，冷静不用害怕，惊慌只会不知所措。太多人围观只会恶化事情。

37. 对等菜太久，就应叫经理进厨房打荷处，找出该桌菜之原材料（码）叫炒锅优先炒，才是好办法，不应在楼面光着急。

38. 门口大厅是客人第一印象，保持宁静是五星级特色，有规矩，有礼貌环境。营业员、领位及管理人员应切忌在该处聊天，开玩笑。说话声音低二度。

39. 多用手势代指挥:点烟,倒酒,换骨碟,换烟缸,换毛巾,安静,分开,埋单,电话,拍马屁,办妥。

40. 客人召唤,你当时走不开,但要举手示意知道,完事马上过去说:“对不起,要你久等了。”

41. 在厅房内上一些如冬瓜盅等有金属盛装的菜式时,一定要先端上台给客人展示一下,满足客人虚荣心,再在接手台分,分完再拿回台上摆放。

42. 客人喝酒如茅台、长城白干、鲜果汁等喝得太多,中途跟主人报数提醒,“你们酒量真行,喝了三瓶了”,空酒瓶千万不要收走,否则争议起来没证据。

43. 厅房服务员要看清营业部大单,如包酒水者,则不要拼命推销酒水。公司结账者,客人要求换菜,不要随便答应,找上级决定。

44. 上菜位切忌在小孩、老人、女性旁,上菜要大声一点报菜名及在白卡打勾。撇菜盖手法是往上翻,免汤汁滴在地毯或客人衣服上。

45. 上酒水要站在客人右手边,避免反手服务,上菜服务时倚靠客人餐椅借力时,小心客人一移动椅子时你会失平衡,特别是大宴会挤迫时常发生。

46. 服务员一定要小嘴甜甜,赞美客人又不用成本,令对方高兴,何乐而不为,工作上对同事亦一样,多给人戴高帽,令工作顺利,处处受欢迎。

47. 任何时间见到客人或陌生人进餐厅或厅房,一定要起立,向客人招呼说欢迎光临这种礼貌代表我们培训有方。切勿爱理不理,他看他的,我坐我的。

48. 客人点菜后,立即将菜谱放回指定地方,不可放在桌面,以免弄污或被行家客人偷走。但不要因丢失菜谱罚款,只愿意拿几本来对付,极之不好。

49. 菜来转盘空间不够,将一个吃了大半之菜肴拿走,对客说:对不起,地方不够,我拿走这碟换小碟再端回来,好吗?

50. 服务员从传菜员手上端菜上桌要看清楚菜之木夹子号,再在客桌上之点菜纸上核查有否此菜才算完成,上错菜会给二方客人、厨房,自已添麻烦。

51. 客人刚落座，就脱筷套，铺餐巾是错，等点完菜才做。让客人有机会欣赏我店漂亮蝴蝶花餐巾及印刷精美筷子套。

52. 一个台4张椅，来三个客人，不应该撤走一张椅。“多少人多少把椅”这个概念是错的。可富余1～2张放东西。递菜谱最好人手各一，起码三本。

53. 好服务是整体合作精神，别的服务员做得不好亦会影响企业，绝不容许对客人说“这桌不是我管”，客人举手，看到就要上，别管这桌是不是你管。

54. 学好怎么样片鸭，煮鲍鱼，煮工夫茶技术，对餐饮发展历史、文化、十大菜系、外国餐酒、中国十大名酒，有一定认识。

55. 服务中出现错误，千万不要忙于追究谁的责任，应第一时间将问题先解决方便客人，事后再追责任。

56. 如发现同事有作弊如黑烟、黑酒，收藏客人遗留物品，偷餐厅财物，不平等对待等，可在外打电话或写匿名信告知总经理。

57. 店内有苍蝇代表管理失败，高档餐馆客人动手赶苍蝇，是何等丢面子，管理人应安排午市前打十分钟，晚市前十分钟“苍蝇不死你就死”。

58. 如有客人找经理，应先“请问关于什么事情，哪个单位的，姓什么？”让他先坐一会，不要直接带到总经理面前，可能总经理不想见他。产生尴尬。

59. 如有司机在大堂哪台用餐，应在白卡上注明跟哪厅一块结账，通知做台服务员，贵宾厅服务员及收银员。

60. 上汤羹时，将汤碗放在锅周围，不要用手托着碗来盛，盛完用二手指拿到客人碟上。拿杯要拿杯脚，不拿杯口，印上指模不好看。

61. 当领导或重要客人用餐，经理一定派遣一名主任驻现场监督指挥，有问题马上解决，否则会捱批评，领导在场都不重视，一般客人更不会上心了。

62. 客人用完餐，最少保持一人一个水杯或茶杯。什么都收走是错的，表示暗示客人“你走吧”。

63. 有客结账后离台，大家不要3～4人一齐去撤台，见到有2个人在撤台就不应该再过去，留下照顾其他服务工作。

64. 小毛巾是客人用，服务员、厨工、后勤部无权享受。打包盒、背心袋或小件店物品，不要存放更衣柜或集体宿舍，否则当偷窃罪。

65. 开始上餐厅前检查衣履整洁，打好领结，化淡妆一定要涂口红，带原子笔、开瓶器、打火机、工作牌，否则如“上战场不带枪，用口说死敌人”。

66. 清洁玻璃转盘千万要小心轻放，打碎罚一半要很多钱。收台时，严禁将烟灰缸内的烟灰倒在台布上，以免发生火灾。

67. 在地上拣到零件、配件等，不要扔掉，可能从某种设备掉下来，收起交维修部，不然到时到外国配制就不好。

68. 服务员应有很强洞察力，发现有些天天都存在的东西突然不见，应主动去问及查，领导不爱听“我以为”“我不知道”作借口，被骂傻乎乎、当班发梦。

69. 服务员发现客人黑着脸，应懂得向客赔不是，问清根由上报，免恶化事情。

70. 客人未付账就离开怎么办？追上去说“先生，你走错路了，收银处在那里。”

71. 经常拿小毛巾来嗅，有否发霉味道，颜色不能发黄，一顿饭起码三次毛巾。

72. 订座五点半前取消要罚，尽量写上公司名及个人名，免定重。

73. 应该养成在非繁忙时间去厕所习惯，免占同事间便宜。

74. 店内营业范围与客人或上司碰面必须点头，微笑打招呼，说您好，懂让路。

75. 一个服务员不要理会或跟风参与上层之是是非非，做好本分。

76. 在夏天将冬天之暖风机等盘点收存起来，冬天到将风扇亦照做。

77. 茶倒七分，酒倒九分(北京习惯：茶满欺人，酒满心诚)。

78. 凡需用手进食必须上小毛巾及洗手盅，如乳鸽、白灼虾、鹅掌、贝类。

79. 司机陪同用餐先得主人批示标准，如多点，应知会主人，否则拒付者自付。

80. 给客人点烟时，要先点着火机，才送至客人面前点烟。

81. 客人演讲，服务员应停止上菜、上饮料，靠边站，讲完带头鼓掌。

82. 厅房服务员要自己锁好镀金餐具、银筷子，掉失自赔，水杯、SP 碟自清洗。

83. 客人要盐、糖、酱油、芥末等，分量不要多，不要一碟满满，浪费材料。

84. 服务员应每天都要抹干家私柜内骨碟上之水，避免换碟时发现太迟了。

85. 食品上错台，拿回传菜查问，动作要快，少争论，否则菜凉影响质量。

86. 客人换台，先通知收银，接着通知传菜部及做台服务，马上改白咭上台号。

87. 客人问洗手间路时，不要靠指路，亲自带至门前，除非特别忙。

88. 凉菜作用是下酒料，上菜空档时顶上，勿一早分清光。

89. 将客人提出之意见反映给上级，如歌曲补充及音响保养。

90. 搬重东西一定要扎好马步，不要大意，扭伤腰骨，一生幸福完蛋。

91. 金器忌用洗涤灵冲洗，应用热水，否则马上发黑变色，挨罚。

92. 不准用口布，小毛巾擦转盘搞卫生。严格要求每组每厅都有抹布。

93. 按食品卫生条例，食物餐具需离地面 50 厘米高位置。下栏框亦不可放地上。

94. 传菜或服务员走路应按左上右落的习惯，以免相撞，打翻菜肴并受伤。

95. 领位及保卫晚上有责任留意外墙霓虹灯或其他灯饰有否按时亮灯。

销售的正确管理方法

一个新餐饮店开业时，老板肯定将其生意上朋友介绍给销售，亦有一部分冲着新开张的街客来光顾，销售的责任就是将这些客人中主客及主宾照顾好，让他们下次有宴会举行时会致电销售安排，当然有三分之二原因是店的装修漂亮，停车方便，出品有水平，服务周到，管理严谨，客人才愿意回头光顾。如上述条件做不到，销售费尽九牛二虎之力亦拉不回头。

如熟客再光顾，一定会带来一两个新主宾，销售再发挥其魅力，将主宾及主客又照顾好，产生良性循环，几何次方式，老鼠繁殖法，生意就会蒸蒸日上，成为50万或100万的金牌销售。生意功劳分四份：老板投资硬件；总经理镇店把舵定军心；出品服务管理做好；销售跟好客人服务。

销售工作是锦上添花的，若逼销售去写字楼大厦找客户，十次只有一两次会成功，但七八次会碰到灰头灰脸，被对方讨厌神情，冷言辱骂，当贼看待，轰出去，销售身心自尊受到很大的伤害，心灰丧气，大都已不接受此拍门拜访办法，如上级施压，唯有在外浑噩至一定时间，找几张假名牌回店交差，现今此法已不采用了。

近年销售生意来源是靠朋友介绍，主要是从店里客人寻找而来的，其实销售本身有工资任务，2500元工资交5.5万业绩任务，任务业绩是容许老顾客或新顾客。销售的特点是企业渴求生意，只要带来生意就成，上班事可上可不上，店中不大重视，大酒店的销售很自由灵活，因为背后有钱管着人政策，有工资任务压力要求你完成，有超额提成来鼓励你努力去争取更多的生意，多劳多得，不用上级烦恼的。

但一定要派忠心员工在大门口设立预订部,分清哪些是自找上门或自打电话冲宾馆来定座的,不要让销售抢走自找上门来的或自打电来宾馆来的客人。设法让预订部与销售是对立的。有自上门生意时派预定部人员带同楼面或客房经理去接待谈细节。第一次上门定房、定会议或定餐饮的顾客活动举行时,公司容许销售参与讨好照顾好客人细节要求,让客人下次有活动可致电销售本人,销售又可拿到提成。

懂点营销术不吃亏

1. 宣传广告利用电视台、交通台、报纸、杂志、印刷品及外墙广告牌增加知名度,吸引客人光顾。

2. 组织公关销售部。

3. 按时寄贺卡或宣传资料给客人或致电问候。

4. 联系每个区婚姻登记处、各商会、展览中心、国际会议之有力人士,或利用电话黄页内公司名录获取资料,将免费餐券及宣传品寄给客人,争取光顾。

5. 聘请八大菜系名厨,美国、法国、德国、亚洲名厨来店表演促销,每天在高消费客人家里煮菜,每家半个月或一个月。

销售部经理岗位责任及实务

1. 岗位职责销售部职责总结是“留住老顾客，发展新客人”，组织和招徕客源，掌握市场信息，做好内外协调沟通，确保俱乐部取得良好经济效益和社会效益。

2. 销售人员须常带笑容及健谈，令客人对你产生好感。客人进店，快步、手舞足蹈上前喊出对方名字来迎接，像小孩见到父母这般高兴，记性好记住客人名字，令他在其他客人面前有面子。

3. 事前检查：去包间检查，餐位整齐、卫生、配件齐备，无错无漏才成。

4. 门口迎客：客人下车看到你等他多感动，帮提包至他包间。

5. 帮客写菜：问好客人请客标准，什么类型客人，有什么惯熟菜式，将菜价钱及内容念给客人听，再问好喝什么酒或饮料。销售写菜要为厨房推销紧急菜式、海鲜、干货等，但又不能太伤害客人利益。

6. 入席帮忙：入席是最乱最需人手，因十个人会点八种酒水，满足主人着急举杯欢迎客人心态。

7. 贴身服务：宴会中不少于三次到包间帮忙，如添酒，换烟缸等小动作。才好派名片，否则剩下满桌你的名片。

8. 埋单预备：宴会尾声提早报好酒水，打好账单，查过单内容有错漏否，叫埋单不超五分钟送单到。

9. 送客上车：亲挽包袋送至车上，车开挥手直至拐转才能走。

10. 售后服务：两天后去电问客人意见。

11. 平日提供管家服务（秘书服务、金钥匙服务）帮忙做一些零碎小事，买交通票、打字、网上找东西等，令客人心中欠你情，有宴请 80% 找你。

12. 作为销售千万不要因为这包间是散客，不是我定无提成的心态不去交际应酬。上级集合大家去包间交际应酬不能用各种理由退却，这是违反工作纪律。

13. 销售有责任向包间客人询问，将资料写好交总监转上级，好作改善，客人意见不可夸大或淡化，不可对同事公报私仇，搞好楼面与厨房同事间感情，不要害总监为你善后。

14. 服从总监对一些争执事情作出了结，不可逢人哭诉、谩骂等不文明报复，令到事情无转弯余地，欲上诉应低调向总监提出。

15. 如何发展新客人是非常科学兼容易的：首先侍候好主人及其一两个主宾，令到主宾回头时他定会带一两个新主宾，再侍候好他们，他们下次回头光顾亦会带来一两个新主宾。如此发展下去叫几何级数或细菌繁殖，只要有三分之一生效，客人多得不得了。但知易行难，在乎恒心热心。

销售部提成方案

1. 新入职销售经理有一个月客户积累期,第一个月享受基本工资3000元,第二个月开始执行销售业绩指标6万元/月的60%的业绩指标,可享受基本工资3000元,第三个月开始执行销售业绩指标6万元/月,执行销售业绩指标的第三个月,如完不成销售业绩指标并且是部门成绩排名最后一名者,公司给予其销售经理实行末位淘汰制度或调试其他适合岗位。

2. 销售经理业绩无须分级,统一完成最低基数任务6万/月(可用会员卡业绩),如完不成按照完成比例扣除底薪,完成后底薪为￥4000元,销售经理超出业绩部分按营业额越高提成率越高奖励。

业绩包括会员卡打折扣	无折扣业绩	折扣业绩	会员卡订餐业绩	售卡提成
6万~9万	3.5%	1.5%	0.5%	3%
6万~12万(未到12万业绩按上一级执行)	4%	2%	0.5%	3%
6万~15万(未到15万业绩按上一级执行)	4.5%	2.5%	0.5%	3%
6万~20万(未到20万业绩按上一级执行)	5%	3%	0.5%	3%
6万~25万(未到25万业绩按上一级执行)	5.5%	3.5%	0.5%	3%
6万~30万(未到30万业绩按上一级执行)	6%	4%	0.5%	3%

1. 公司将储值卡消费业绩中减除15%(因为是公司免费送出增值额,不能算业绩)。
2. 旅行社团餐业绩因利润太微,提成改为2%,如赠送菜品或打折不计提成。
3. 任务业绩包括:会员卡订餐业绩;折扣业绩;无折扣业绩。
4. 预定人员负责追回挂账,挂账不结清不发工资,非公司原因造成的损失由责任人承担。

销售总监不设个人业绩,但要每名销售每月业绩6万,超额后的业绩则按1%提成,超额会员卡订餐业绩按0.5%提成。销售部总监兼任会员部经理一职,有义务和责任完成店里会员卡的售卖、培训、统计、存档、售后服务、余额提醒、会员生日提醒、制作和发放会员卡提成等工作,销售部总监按每月店内会员卡销售总额0.5%作为提成。

祝酒歌

1. 送上一杯虎年之酒，你一定要干杯，祝福你们甜甜蜜蜜，幸福在一起。

2. 让我们红尘做伴活得潇潇洒洒，共同举杯共享人世繁华，对酒当歌唱出心中喜悦，轰轰烈烈痛快畅饮一把。

3. 我们来敬酒（拍3下手），好运全都跟您走，哈……我们来敬酒（拍3下手），所有幸福全都拥有。

4. 端过美酒大家共饮一杯，欢聚一堂，不醉不归。

5. 望着那月亮的时候，常常想起你，新年将到来的时候，我们来敬美女，世界上最美最美的是月亮，比月亮还美还美的就是你。

6. 这位姐姐你真漂亮，祝愿你年年运气旺，唐人街的祝福彩差上，祝福你幸福又安康。

7. 吃了的菜，天天有人爱。

8. 喝了我店的汤，幸福和安康。

9. 喝了我店的茶，想啥就有啥人见人爱，花见花开，来年生对双胞胎。

10. 日出江花红胜火，祝君生意更红火。

婚宴主持稿

各位尊敬的女士们、先生们：

大家晚上好！我是今晚的司仪×××，今天是个好日子，你们从四面八方汇聚共同庆祝×××先生和×××小姐的新婚之喜。在此，我谨代表×××全体同仁向在座的嘉宾表示热烈的欢迎和真挚的问候，你们好！

在这幸福的时刻，大喜的日子，让我们以热烈的掌声有请玉树临风的新郎哥×××先生和千娇百媚的新娘×××小姐登台接受大家祝福。（场外音：爱情是一段漫长旅程，新郎新娘从相识到结合，经过很多温馨快乐的过程，今天他们踏上红地毯，向我们亲友走来，让大家再次以热烈的掌声祝福他们。祝这对新人新婚愉快，白头到老！）

大家都看到一对新人真是郎才女貌，佳偶天成，令人羡慕，祝愿他们两人同偕到老，永结同心，早生贵子。

有请男方主婚人父母（代表）×××先生讲话。

有请女方主婚人父母（代表）×××先生讲话。

双方都已经表态，亲爱的来宾，你们的光临让到今天宴会光辉灿烂，好上加好，俗语有话："三生石上缘早定，乘龙跨凤在今宵。"请一对新人同饮同心交杯酒，但愿牵子之手，与君皆老，龙凤呈祥，幸福快乐。

有请新郎新娘入席，趁此机会，我代表×××酒楼的全体员工祝在座的各位嘉宾及一对新人身体健康，万事如意。现在，我宣布喜宴正式开始。

ZHONGGUO CANYIN
TIANSHU

第五章

饮食文化发展篇

“饮食”看似简单，但它蕴藏着十分丰富的文化内涵。中国是一个具有悠久历史的饮食文化大国，饮食一直是其文化发展的原动力之一，很早就牢固地树立了“礼乐文化始于食”、“民以食为天”等观念，食是人之大欲。因此，对于酒店人员来说，了解饮食文化很有必要。

餐饮知识

1. 20 世纪 70 ~ 90 年代，饮食行业崇尚明星经理作风，客人与酒楼员工关系热情密切。

2. 2000 年左右，富豪客人第二代儿子出现，读洋书，外国长大，看不起酒楼员工，认为有消费力到哪都受欢迎，不屑与文化水平不高之经理交往，在乎品牌管理好才光顾。

3. 1923 年上海已有生产味精，香港六十年代才有天厨味精厂生产“味之素”。近十年外国人极力反对用味精做菜，近五年已改用鸡粉。（M. S. G 味精）

4. 地方名菜：黄河鲤、伊洛鲂、松江鲈、富春鲥（江苏多骨），伊水、洛水、洛阳、四鳃鲈（恶形恶相、似龙利、比目，剥皮生剖切块熬浓汤，冬至前才上品），山西、重耳神仙鸡、（黄芪党参桂皮）、德州扒鸡（骨酥肉烂）。

5. 8 ~ 9 月黄油蟹“当造”价约 200 元 ~ 500 元一斤，掀蚧盖看油多否，小心次级膏油蚧冒充黄油蟹。

6. 9 月底中秋后是大闸蟹当造，阳澄湖天下，9 月食母圆形，10 月食公三角形。

7. 民以食为天，凡背向天者可食。

人有两种：我为生存而食，别人为食而生存。

菜式上菜最好先淡后浓，否则舌头感觉不好，浪费菜肴。

8. 西洋菜来自澳门，有一船员重病，船长留他在荒岛自生自灭。回航见他尚生存，原来靠吃水草生存，病亦好。船长将这些西洋菜带回澳门移植。

9. 发菜（戈壁之珍）产于陕西、宁夏、青海、甘肃等地，因一两发菜破坏一足球场大之地方，国家已禁止采摘。

10. 江苏有冒死食河豚说法，要有上岗证处理河豚体内毒囊，安全移走，才卖。

11. 盐在古代是宝贵如黄金，盐贩由官方控制，老外拿盐到非洲换真黄金。

12. 金山橙是从福建在十五世纪传到欧洲再去南美，十六世纪才传至北美洲，华工发明一套接移技术，用刀在橙树割出一块三角形，将大小同样之石榴树木片嵌入，会自然结成一体，橙熟了都会留在树上枝头，不掉地面，立了这个大功，加州有他铜像纪念他。

13. 菠菜含草酸，豆腐含钙产生草酸钙凝结物。

14. 不同国家或省份有不同口味：

英国美国人喜欢煎炸、香口、酥化食物，欧洲人用餐喜欢点葡萄酒；

印度人忌牛肉，他们奉牛为神圣的；

回教及伊斯兰教不吃猪肉、猪油来炒菜都不成，大多烟酒不沾；

亚洲人、东北人、中原人爱浓郁、麻辣口味；

南方人、香港人喜欢清淡、多汤水、不太辣食物，鱼、虾、蟹及蔬菜为好。

15. 世界上最好的咖啡是蓝山咖啡，产自加勒比海上的岛国牙买加。

最好的雪茄是古巴生产的大卫杜夫和古希巴。

16. 法国三宝分别是：

(1)鱼子酱：好的鱼子酱分别产自伊朗、俄罗斯和黑龙江。来自鲟鱼的卵子。

(2)鹅肝或鹅肝酱。

(3)松露：产自法德交界处的森林中，要用小猪之嗅觉来寻找，松露吸收天地灵气，附近土地很贫瘠，摘走后 3 ~5 年内长不出来，所以分外宝贵，1 斤要二万元。西藏也有，但品质并非上乘。

17. 红酒王：Lafite 售价约一万两千左右。

白酒王：Dyquem 售价约八千。

香槟王：Dom Perignon 售价约五千。

白兰地王：Richard 售价约两万。

威士忌王：Blue Label 售价约一千。

18. 五“滋”：爆香、酥化、爽脆、嫩滑、鲜美。

六“味”：酸、甜、苦、辣、咸、淡。

鱼香味、怪味、奶油味、臭味、芥辣味、酒糟味、腐乳味、南乳酱、孜然味、咖喱味、话梅味、香橙味、红酒味、茶叶味。

四川麻辣、湖南酸辣、陕西咸辣、云南鲜辣、贵州香辣。

19. 为什么将螃蟹这道菜最后上桌？因为蟹会破坏舌头上的味蕾，食螃蟹后再食其他菜就会觉得没味道。

20. 食不厌精，脍不厌细，病从口出，腐坏不食，色恶不食，失饪不食，不时不食，不得其酱不食，祭肉出三日不食，食不言寝不语。

中国菜之不同菜系

1. 京菜(北京谭家菜):黄焖鱼翅、葱烧海参、烤鸭、赛螃蟹、手撕鸡、白肉片、涮羊肉、三不黏、锅塌豆腐。

2. 鲁菜(济南山东、青岛、孔府菜):靠大虾,清汤柳叶燕菜(鸽蛋燕窝)。

3. 沪菜(上海):清炒虾仁、大闸蟹、红烧黄鱼、鳝糊、香酥鸡、黄金虾、红烧划水、砂锅鱼头、云吞鸡、酸辣汤、百页红烧肉、蟹粉扒鸡腰、小绍兴三黄鸡、红蟹炒年糕、南翔小笼包。

4. 苏菜(淮扬、南京、无锡、徐海):雪花蟹斗、狮子头、红烧桂花鱼、红烧元蹄、镇江肴肉、梁溪脆鳝、无锡肉骨、火瞳鸡炖翅。

5. 浙菜(宁波、杭州、绍兴、温州):东坡肉、蜜汁火方、宋嫂鱼羹、戈壁风沙鸡、八宝饭、干菜鸭、琉璃藕。

6. 闽菜(福建菜):佛跳墙、菊花鲈鱼、梭子蟹、八宝芙蓉鲟(蟹类)、香油石鳞腿(蛙类)、香露鸡(高粱)。

7. 湘菜(湖南):敲虾、组阉鱼翅、网油酥方、酸辣毛筒鱿鱼、翠竹粉蒸回鱼、开屏柴把桂鱼、桃源铜垂鸡腿、发丝百页、洞庭金龟、剁椒鱼头。

8. 川菜:水煮牛肉、锅巴海鲜、鱼香肉丝、灯影牛肉、怪味鸡、棒棒鸡、樟茶鸭、毛肚火锅、蚂蚁上树、云白肉片、红油抄手、夫妻肺片、担担面、毛血旺、溜肥肠、麻辣鸡丁、东坡肘子、虎皮尖椒、麻婆豆腐、四川泡菜、回锅肉、醪糟蛋、酸菜鱼、黄腊丁。

9. 徽菜(皖南、沿江、沿淮):玉兔海参、樱桔哈士蟆、砂锅贡淡鱼翅、方腊鱼、无为熏鸭、莲蓬鱼、虾子管廷、花菇石鸡、黄山炖鸡(山药)。

10. 粤菜:大红乳猪全体、脆皮大烧鹅、沙律大龙虾、火焰醉翁虾、西兰花带子、蒜子瑶柱甫、百花酿蟹钳、百花酿响螺、鸿图大展翅、蚝皇20头窝麻、清蒸东星斑、避风塘炒蟹、金华玉树鸡、豉汁盘龙鳝、红烧乳鸽、佛跳墙、烧云腿凤肝带子、干煎大虾碌、花胶扒海参、蜜烧三寸骨、大良炒鲜奶、招牌手抓骨。粤菜干货品种：蟹肚、炸肚、花胶、鱼唇、鲨鱼皮、公鱼皮、江瑶柱（宗谷、元贝）、花菇、草菇、香菇、蚝豉、发菜、吊片、鱿鱼、虾米、竹笙、金针、腐竹、白果、雪耳、木耳、云耳、榆耳、黄耳、石耳。

11. 潮菜：红烧大排翅、冻虾、冻花蟹、卤水鹅片、猪大肠、猪头肉、豆腐、牛丸、鱼蛋、工夫茶。

12. 东江菜（客家菜）：盐焗鸡、梅菜扣肉、东坡扣肉、东江酿豆腐、扒骨髓、鲍片、焖三鲜、糟田鸡、炸大肠、牛肉片、酿凉瓜。

各种食材一览

1. 药材：淮山、党参、北芪、杞子、圆肉、土茯苓、人参、花旗参、天麻、罗汉果、陈皮、巴戟、杜仲、沙参、玉竹。

2. 家禽：水鸭、鸭、鸳鸯、竹丝鸡、乌鸡、禾花雀、白鹤、鹧鸪、鹌鹑、水鱼、金钱龟。

3. 调味：沙姜粉、五香粉、花椒、八角、茴香、桂皮、香叶。

4. 冬虫夏草：冬虫顾名思义是冬天是虫，夏天是草。

蝙蝠蛾之幼虫与冬虫草寄生真菌孢子的结合。

在夏天，冬虫草的孢子从胚囊内走出来，走到一种老爱附在冬虫草之蛾之幼虫上，孢子寄居在幼虫内，冬天时幼虫掉到地上钻入泥土慢慢死去，但虫外壳在泥土里受保护不变。

到翌年夏天，死虫头部发芽后长出棒状真菌成冬虫草，冬虫草特色腹部有足 8 对，中间剖开见白色为上品。

5. 鲍鱼：

(1)数百年来，皇家、官家、富家、宴席都少不了鲍参翅肚四大主菜，所以鲍鱼也是高级菜色。鲍鱼属贝壳类，需潜入海底用刀撬起附在岩礁上之鲍鱼。

(2)鲍鱼之益处是滋阴补肾、养颜明目、降血压、补钙、补碘、补磷，好处多多。

(3)鲍鱼分干鲍、鲜鲍、急冻鲍、罐头鲍四大类。干鲍要存放两三年，如红酒须成熟时期。

(4)干鲍以日本产及其独特秘方，如深田网鲍、青森窝麻、岩手吉品是鲍鱼中极品。

(5)新鲜鲍鱼有大连鲜鲍，进货价约五六百一斤，每斤纸有三个，来货价高，货源不多，味道不突出，所以一般餐馆少卖。鲍鱼经过晾晒煮工就会产生滋味、弹牙、糖心香的口感。

(6)急冻鲜鲍是近期酒楼销量最大，以南非青边鲍为主，每斤有3～6头，味道及咬感甚佳，价钱适中，深受北京食客欢迎。

(7)罐头鲍来自非洲、墨西哥、澳洲、新西兰等国家。每罐有一大只及一小只或两只不等。价钱不高，免却数天煲制过程，中价菜单多采用罐鲍。

6. 海参：

(1)海参营养价值非常好，能降血压，壮阳为主，高蛋白，低胆固醇食品，肥胖人士食用最佳。

(2)来自日本、山东、辽宁沿海湾内，活动在不大深之海底泥沙或岩礁地方。治糖尿病特有效。

(3)海参以辽参(刺参)为上佳品，以肉肥质细，皮薄出名。南中国海出产者为白石动态，印尼品种称婆参。

7. 鱼肚：

(1)鱼肚花胶是同一种菜两种叫法。鱼肚是用一些大型鱼类之鳔制成，如鳘鱼黄鱼等。

(2)鱼肚花胶之益处是补肾、补腰、强精，是男性上佳补品，滋润不燥。

(3)鱼肚花胶分公母，公类烹调后爽滑，保持厚身；母类则出现溶化(泻身)公肚形如鞍状较厚，母肚则薄身。

(4)花胶鱼肚出成率是1斤发3斤左右。

(5)鱼肚花胶浸发时忌油或苏打粉，容易粘底，需用竹席垫底，用白醋清洗能漂白除异味。

茶艺知识

茶叶有两千多年历史,在唐朝宋朝最为鼎盛。

慈禧爱饮茶,用白玉杯饮用。

茶的始祖是陆羽,称"茶圣","现代茶圣"吴觉农。

茶的重要性看民生开门七件事:柴米油盐酱醋茶。

文成公主带茶入西藏。

日本人认为茶道是可修身养性。

孙中山提倡清茶淡饭(蔬菜豆腐),养生保健。

乾隆皇帝说:臣不可一日无君,君不可一日无茶。

乾隆皇帝微服下江南时偶然替下属斟茶,臣不敢下跪,用手指代跪叩头,这感谢还礼动作流传至今。

爱茶之人:曹雪芹、鲁迅、林语堂、张大千、梁实秋、老舍、冰心。

苏东坡说:坐,请坐,请上座;茶,敬茶,敬香茶。

外国海员发现中国海员不患坏血病,因为有喝茶习惯。

饮茶益处:细尝滋味、修身养性、表达敬意、维生素丰富、提神醒脑、消除疲劳、减少蛀牙、美容驻颜、延年益寿、李时珍反对酒后喝茶。

饮茶忌事:怀孕空腹,忌茶送药,忌饮隔夜茶,茶叶特性留意,素食忌饮,贫血胃病。茶叶要用瓶罐密封装好。茶之碱性很重。

茶叶吸味性强:不可混其他浓味物品,一齐存放,如鱼翅、鲍鱼、海味、樟脑等。茶叶渣能吸臭。

喝茶最好是每种茶叶用每种不同专用紫砂壶,茶锈不可擦掉。

工夫茶流程:捡茶、装茶、烫杯、热壶、高冲、低斟、盖沫、淋顶、闻杯、品尝。

茶叶做菜:龙井虾仁,樟茶鸭、茶叶蛋。选紫砂壶:外形、质地、盖紧密、无异味。

在社会发达、经济腾飞、人民富裕时，茶艺就能鼎盛流行。

茶叶分六大类：绿茶、黄茶、青茶、白茶、黑茶、红茶。

顾渚紫笋：浙江湖州顾渚山，陆羽开园种茶的地方，天下名茶。

碧螺春：苏州洞庭山（康熙提名），铜丝条、罗螺丝。

平水珠：浙江平水镇，球形。

普陀：浙江舟山群岛普陀，球形、白毫如绒。

绿牡丹：安徽黄山，花形菜，用玻璃茶具上茶看到花朵飘动。

龙顶：浙江开化，翠绿多白毫。

雨花：南京雨花台，松针形。

毛峰：安徽黄山，条索卷曲形。

猴魁：黄山太平县，二叶一芽。

云雾：江西庐山，细芽白毫。

毛尖：河南信阳，细圆白毫。

茗眉：江西婺源，叶像眉毛。

竹叶青茶：四川峨眉山（陈毅命名）。

乌龙（属青茶）：半发酵 15% ~50%，加花香味。

真正大红袍：福建武夷山，茶中状元，4 棵千年古树，年产几两，每两几十万。

冻顶乌龙：台湾乌龙茶中王，球形。

文山色种：台湾茶发酵最短，大音火轻，条形。

松柏常青：台湾茶，条形。

东方美人：台湾茶条形白毫。

高山：条形卷曲。

铁观音：福建安溪，球形。

黄金桂：福建安溪，球形。

凤凰水仙：潮州凤凰镇，球形。

武夷水仙:福建武夷山。

马猴槭:福建名茶。

黑茶:华中西南部,用粗老毛茶,经蒸馏压制成茶饼,供少数民族做酥油茶。

茯砖:紧压茶,出自湖南益阳。

黄茶:特点黄叶黄汤,茶叶是芽叶茸毛,如君山银针用玻璃杯冲茶,三上三峡景越。四川蒙顶仙茶,及霍山黄芽。

红茶:是全发酵,其茶叶呈红色,有祁红、宁红、滇红、英德。

白茶:茶叶带白毫毛,有银针、白毫、寿眉、白牡丹。

花茶:足以绿茶加香花制成,有茉莉花、珠兰花茶、玫瑰花茶等。

八宝茶:枸杞、冰糖、桃仁、大枣、莲心、桂圆、杏干。

台湾工夫茶道 21 式

1. 孔雀开屏（鉴赏茶叶）
2. 清泉出沸（水沸要 100 度）
3. 孟臣沐淋
4. 关公巡城、韩信点兵（温壶烫盏，均匀茶汤）
5. 乌龙入宫，一般放三分之一叶
6. 悬壶高冲
7. 推泡抽眉
8. 春风拂面（封壶）
9. 若深出浴
10. 杯底留香
11. 凤凰点头（高低三次）
12. 重洗仙颜（封壶）
13. 玉液回壶
14. 乌龙出海
15. 平分秋色（均匀地把茶汤分到杯里）
16. 龙凤呈祥
17. 鲤鱼翻身
18. 喜闻幽香
19. 三龙护鼎
20. 鉴赏汤色
21. 细品佳茗

咖啡知识

1. 公元575年咖啡起源于非洲之埃塞俄比亚，再传至阿拉伯国家。

2. 17世纪咖啡已传至德国、意大利、荷兰、法国。

3. 1718年荷兰人将咖啡带到南美洲、巴西、危地马拉、哥伦比亚、尼加拉瓜、洪都拉斯、墨西哥等地。

4. 17世纪中已传到英国、澳洲美国等地。

5. 咖啡是热带树林或灌木结出来的咖啡豆，磨碎后经蒸馏而成之饮料。

6. 现在有脱咖啡因和带咖啡因品种。

7. 喝咖啡是跟黄蔗糖及忌廉奶。

8. 在日本东京，一杯全世界最好之牙买加的蓝山咖啡高达50美元。

9. 美国最大咖啡公司是STARBUCKS。

咖啡品种

一般咖啡（REGULAR）跟黄蔗糖及忌廉奶。

意大利卡布奇诺（CAPPUCCINO）白泡沫咖啡，同冻奶在蒸汽机打出来，加巧克力粉在泡上。

意大利爱思巴苏（ESPRESSO）特浓咖啡用小杯上，跟黄蔗糖。

拿铁（LATTE）牛奶泡沫咖啡（啡奶各半）加肉桂粉末。

摩卡（MOCHA）巧克力咖啡，加可可粉末。

魔鬼（DIABLO）用煮车将牛油煮糖至焦，加酒点燃橙皮再放咖啡煮。

第六章

厨房出品实务篇

餐馆经营的主角是菜肴，而菜谱则是展示餐馆最重要的名片。总经理需要对各种菜肴有所了解，并熟悉不同的菜谱。比如，对粤式菜肴、上海菜配料、唐人街菜谱等要有所认知，而一些特色菜肴、粉面饭点等也做到熟记于胸。如此，“总经理”的称谓才真正配得起自己，名副其实。

厨师长形象

1. 手拿电脑内存几百个不同菜系照片,像素可达印刷菜谱要求。

2. 将不同种类异型瓷器装盘,拍好照片,注明叫法。

3. 将凉菜不同造型及装盘拍成照片供挑选。

4. 将厨房管理及卫生资料分门别类存档,有五个不同菜谱电子版,年纪大不懂电脑,可叫年轻手下代劳。否则是落后了。

5. 菜式这样东西没有正宗或高手炒的就是正确,以北方客人口味为标准,作为香港或广东老总坚持他们南方口味是错的,因南方客人比例太少,靠他们生意是赔死了,相等于一瓶 XO 及一瓶二锅头,北方客肯定挑二锅头,不要 XO。

6. 作为厨师长最好一定上灶,老板知道你上灶信心大增,感觉值了,千万不要东聊西逛,吃喝玩乐,应站在中线打荷,盯着出品,老板心中也会稍舒服一点。

7. 光厨师长英雄不够,须物色到各档口有两名高手,令厨艺水准平均。宁自己补贴或少拿,才能撑得住大局,大家好交代,高手是钱多换回来的。

8. 厨师长大忌:为手下护短,接到批评马上翻脸,不问内情,或不接受客人要求特别做菜手法,说我师傅教我是这样做的,别的不会,让他进厨房教我,这种心态,完蛋了。

9. 厨师最致命二件事,食物中毒及走火,大部分起因是主管们散漫,不细跟卫生,不注意加工过程,渎职! 害苦大家。

10. 很多外行老板让厨师长当楼面副总,我个人认为是错的,厨房与楼面是两种不同管理,不可并兼,否则两方面都干不好。厨师长当楼面起码要交五年学费才成才,学费挺厉害的。

厨房操作顺畅因素

1. 欲想企业在餐饮市场占有一定位置,必须拥有三至五个独特招牌菜,让客人长期保持很高点击率及定期出新菜。

2. 欲想厨房日常操作顺畅,出菜快,必须有一两个打荷皇在中线指挥,头砧板亦应在繁忙时抽空加入帮忙,指令不合格菜品退回重做。打荷皇是厨房的灵魂,眼明手快,记性特好,控制菜品之快、慢、先、后等工作,但干上一两年就渴望晋升尾镬,经常青黄不接,靠厨师长及头砧板协助。

3. 欲想出菜快,头砧板要求手下留心昨晚或上午用货量,该领货,该加工的做足准备,中午别着急落场玩乐,等晚上单来时才狼狈加工领货就不好了。

4. 恒心执行五常管理:

(1)常将卫生工作搞好:留意油烟罩,菜柜,冰柜,冷库,台底,角落等,特别巡查宿舍。

(2)常收拾物品:整齐干净,长期间用不上的舍得抛弃,冰柜,冷库先进先出。

(3)常贴标签,将规章制度,设备用途,贴得清楚,让大家明白,检查过关。

(4)常开会让上传下达,提醒下班后减少斗酒,赌博,上网等坏习惯,将宿舍卫生搞好。

(5)常培训来留住员工,减少流失,师傅传授功夫令基层有归属感。

精选香港富豪美食心得

1. 材料新鲜精挑的。不爱大量采购,用料要最精最好的。

2. 酱料用最高级的。生油、生粉、酱油、蚝油、醋、盐都用顶级的。深信一分钱一分货,只有美食家及富豪们能尝出来。

3. 厨师们用心烹调。砧板、炒锅、扣墩、对其工作要细心,注重细节,不要味精等东西,裸烹、一人炒三个锅是不容许的,不是要求快速达到数量,是要求质量为重要,人手要足够。这类顾客要求是精品,不在乎价钱。

香港粤菜

锦绣大拼盘
乳猪大拼盘
汉和大拼盘
全体片皮乳猪
大红乳猪件
荔枝鲜果凉拌火鸭丝
八小碟
素鹅,烧鳝,粉皮
醋鱼,千层,仙掌
烧肉、豆腐
原笼隔水白灼虾
火焰醉翁虾
沙律大明虾
龙虾刺身
三文鱼刺身
象拔蚌刺身
鲜鱼刺身
鲜螺片刺身
潮式冻花蟹
点心大拼盘
蒜子瑶柱甫
玉环瑶柱甫
蟹黄扒燕窝
百花酿竹笙
雪耳鸽蛋伴边
金银花胶片
海参扒花胶
百花酿响螺
百花酿豆腐
百花酿蟹盖
百花酿蟹钳
玉簪田鸡腿
竹笙鸽蛋鱼唇
香煎琵琶豆腐
鲜菇田鸡腿
金菇牛柳条
生菜鹌鹑松
生菜白鸽松
蚧黄蛋白扒班片
蟹黄扒鲜露笋
西兰花带子
凤肝炒带子
金银玉带子
雀巢海中宝
富贵石榴球
荔茸凤尾虾

荔茸炸虾饼
荔茸炸虾饼
四川虾仁
招牌煎巨虾
蜜豆鲜百合炒
锦绣鲜虾仁
蒜茸粉丝蒸琵琶虾
鲜路笋百合炒
中式牛柳
金钱蟹盒
脆奶京都排骨
豉汗盘龙鳝
火腩扣大鳝
腰果炒鸡丁
西芹炒鸡柳
鸡丝豆苗鸡子
炸鸡丝春卷
海味全家福
蟹黄炒鲜奶
菠萝船牛柳粒
蜜烧三寸骨
虾子双冬扒参
花胶鲜鲍片
鲍鱼扒鹅掌
鹿筋扣鹅掌
香煎银鳕鱼
豉汁带子豆腐
干煎大虾碌
水晶鲜虾球
腰果带子虾仁
椒盐濑尿虾
鸡片虾仁
碧绿炒双脆
鸳鸯明虾球
XO 酱花姿珊瑚蚌
烟肉石斑卷
江南百花卷
脆奶椒盐排骨
油泡大鳝片
龙穿凤亦球
鲜菇炒鸡柳
威化纸包鸡
本酒局鸡肝
鸡片炒螺片
粒粒炒海鲜
加拿大姜葱局生蚝
沙爹羊肉串
露旬牛仔卷
海参鲜鲍片
翡翠鲜鲍片
京葱爆婆参
带子赛螃蟹
上素扒豆腐
雀巢牛柳条

瑶柱西兰花
竹笙玉子豆腐
法海浦园
茄子煎上素
雀巢家乡小炒
瑶柱扒鲜菇
椒盐炒吊片
腿片扒三蔬
三宝酿节瓜
花胶炖北菇
淮杞炖乌鸡
海鲜豆腐羹
酸辣鱼云羹
八宝瑶柱羹
瑶柱凤爪老鸡
正式盐焗鸡
金华玉树鸡
荷叶香妃鸡
海蜇芝麻鸡
北京片皮鸭
荔茸香酥鸭
豉油王乳鸽
避风塘炒蟹
竹筒烧鱼
茄子班腩煲
芋头扣肉
蒜子花锦鳝

竹笙鼎湖上素
马拉盐豆角
双旬扒北菇
盐水冰芥兰
蟹黄白扒班片腿片豆腐件
蚝豉发财
红烧双冬
大良炒鲜奶
八宝冬瓜盅
凤爪炖北菇
人参炖肥鸡
粟米鱼肚羹
花胶会鸭丝
极品海中宝
当红炸子鸡
菜胆上汤鸡
蚝油手撕鸡
西柠煎软鸡
姜葱霸王鸡
罗汉扒大鸭
红烧双乳鸽
清蒸肉蟹
黑椒炒肉蟹
辣酒煮花螺
大马站
上海蛋黄炒蟹
八宝冬瓜盅

鱼两味肉炒球
姜葱屈鲤鱼
哥渣
春卷
鹌鹑蛋
雪耳
生菜丝

鱼两味蒜骨伴
大菜伴边材料
烧云腿
炸鲜奶
炸茄茸件
红萝卜丝
紫罗兰花

粤式煲汤

胜瓜煲排骨

青红罗白煲排骨

无花果煲瘦肉

节瓜章鱼意米煲猪蹄

粉葛赤小豆排骨鲮鱼

咸鱼头豆腐猪骨

腐竹白果意米猪肚

西洋菜蜜枣生鱼

冬瓜芡实意米煲鸡

谷芽麦芽鲜鸭肾煲瘦肉

番茄薯仔煲牛腩

咸酸菜鱼尾豆腐汤

山班豆腐瘦肉汤

佛掌瓜蜜枣排骨

莲藕花生煲排骨

苹果雪梨蜜枣煲肉排

南北杏菜干猪肺汤

咸蛋芥菜肉片汤

花生杜仲煲猪尾

西洋菜蜜枣鲜鸭肾

冬瓜虾丸煲排骨

雪耳南北杏百合煲肉排

木瓜煲排骨

时菜鱼丸,牛丸,墨鱼丸汤

生菜鲮鱼球汤

鱼云豆腐汤

粤式炖羹类

花胶北菇炖鸡
北芪党参炖鸡
田七圆肉炖鹌鹑
川芎百芷炖鱼头
椰子雪耳炖××
巴戟杜仲炖牛鞭
鲍鱼炖老鸡
土伏灵炖水蛇
川贝南北杏炖鹧鸪
无花果雪梨炖猪肺
阿胶炖老鸡
冬瓜瑶柱炖田鸡
雪耳瑶柱炖鸡
响螺凤爪炖乳鸽
沙参玉竹炖草羊
何首乌黑豆炖鸡
当归杞子元肉炖猪肘
栗子百合炖老鸭
罗汉果菜干
雪莲党参,红枣炖鸡
益母草炖里脊骨
天麻炖鱼头,猪脑
鹿尾巴炖鹌鹑

粤式甜品

红莲炖雪蛤

莲子百合鹌鹑蛋

桑寄生蛋菜

荔枝红枣山楂

杨枝金露

马蹄冰花露

香芒布甸

海带绿豆沙

木瓜炖雪耳

雪梨雪耳鹌鹑蛋

腐竹白果鸡蛋

茅根马蹄竹蔗水

喳喳

椰汁西米露

莲子百合红豆沙

冰糖炖燕窝

丧事菜

乳猪,烧肉
白切鸡
京都骨,咕噜肉
清蒸鱼
鼎湖上素豆腐
粟米鱼肚羹
西兰花炒花姿片

粤式小炒

烧五花腩(烧肉)
京都焗肉排
菜心炒肉片
豉椒蒸排骨
蜜烧三寸骨
芥兰炒腊味
冬瓜火腩豆腐
枝竹炆火腩
咸鱼蒸肉饼
薯仔炆肉排
榨菜蒸肉饼
烧骨煲林粉藕
翡翠石斑球
苔葱鱼云煲
椒盐吊片
酥炸生蚝
四川辣虾仁
金银蒜香虾
焗鱼肠
菠萝炒牛肉
咖喱煮牛腩
回锅辣牛肚
西柠牛仔骨
蚝油鲜菰牛肉
椒盐猪扒
菠萝生炒骨
咸蛋蒸肉饼
梅子蒸肉排
冰梅酱烧骨
芋头腊味煲
菠萝古老肉
莲藕炆腩仔
花生枝竹炆猪手
梅菜蒸肉饼
马蹄蒸肉饼
家乡煎银鳕鱼
粟米鱼块
豆腐凉瓜炆斑腩
冬菜蒸鲩鱼
青瓜煮鱼菘
什菌泡鱼肚
顺德酿鲮鱼
文成公主鱼
萝卜炆牛腩
时蔬炒牛肉
沙嗲粉丝牛肉煲
味菜椒丝牛柳丝
金菰粉丝牛肉煲

凉瓜炒牛肉
鲜茄牛肉炒蛋
腊味菘扒菠菜
粉丝什菜煲
北菰扒时蔬
瑶柱什菜煲
金银蛋时蔬
金菰瑶柱扒兰花
罗汉会上素
鱼香茄子煲
蜜豆炒鲜百合
菜甫肉松煎蛋
粉丝虾米蒸水蛋
芙蓉炒三色蛋
红烧豆腐
豉汁带子蒸豆腐
西芹炒鸡柳
榨菜肉碎豆腐
蒸酿豆腐
苔葱滑鸡煲
咸鱼鸡粒豆腐煲
蜜豆炒鸡柳
荔芋虾卷
香芋丝扁黄鳝丝
鱼香明虾球
貂蝉豆腐
昭君鸡
武大郎烧饼

京葱爆牛肉
捞起牛三脆
干煸四季豆
鱼肚上汤浸时蔬
榨菜银芽肉丝
韭黄银芽炒吊片
豉椒味菜炒鲜鱿
竹笙罗汉上素
鲍鱼菰面根什菜
金银蒜蒸茄子
大良煎虾饼
家乡小炒皇
菜脯肉碎煎蛋角
韭黄炒三色蛋
雪里红肉松豆腐
咸鱼鸡粒豆腐煲
麻婆滑豆腐
金针云耳鸡球
豆豉滑鸡煲
酥炸野鸡卷
大良炒鲜奶
XO 酱爆碎鸡
芹香鹧鸪菘
柚皮扒冬瓜
西施琵琶豆腐
贵妃鸡
云英鸡

川湘鲁菜式

酥炸黄花鱼
蒜茸煎虾碌粉丝底
香辣蟹
干煎大虾碌
当归田七炖鸡
冬瓜炖排骨
番茄炖牛腩萝卜
土豆炖牛肉
栗子焖红烧肉
红烧双冬
红烧肘子
红烧东坡肉
红烧头尾
红烧三蔬
肉碎煎豆腐块
香煎鸡脯
煎酿青椒
鱼香肉丝
麻辣鸡串
茄夹豆腐
辣子鸡丁
韭菜炒鸡蛋
白菜煸肥肠
家乡焖带鱼
避风塘炒蟹
豉汁蒸盘头鳝
天麻炖鱼头
蘑菇炖小鸡
板果炖仔鸡
咖吸土豆鸡块
红烧香辣豆腐
红烧金针菇牛肉卷
红烧甩水
红烧蹄筋
红烧狮子头
海参烩三鲜
红烧三鲜(仙菇、腐竹、白灵菇)
煎鸭脯肉
香煎猪扒
煎酿三宝
宫保鸡丁
香酥鸡中翅
豆豉爆鸡
干煸四季豆
西芹红椒炒猪肝
XO 酱爆羊肉

XO 酱爆牛肉条
XO 酱爆排骨
XO 酱爆猪颈肉
XO 酱爆鲜鱿鹿筋腰花
粉蒸肉
糖醋排骨
糖醋鸡块
糖醋里脊
酥炸牛肉丸
酥炸豆腐块
酥炸牛肉条
酥炸鳝片
酥炸墨鱼须中
干炒牛河
XO 酱爆鸡块
XO 酱爆肉蟹
XO 脆香骨炒兔肉片
鹅卵石腰花
肥肠水煮鱼
茭白炒肉丝
蒜香排骨
爆炒墨鱼仔
酥炸班块
酥炸桂林虾丸
酥炸鸡块
回锅肉
贴锅贴

官府菜

干烧芦花鸡
金丝虾球
私家一锅出
猪肉白菜炖粉条
麻辣诱惑鲍色仔
酸辣乌鱼蛋汤
红烧大腕鱼杂
白菜豆腐炖粉条

粤式小炒

关东奇瑞
黑椒牛仔粒
千岛明虾球(排壳)
豉油皇焗滑鸡
XO 酱鳕鱼盏
香辣酥鸡脆骨
石锅牛仔骨
小炒肉烧鸡腿菇
小炒海皇豆腐
荷塘炒双脆
银鱼仔蒸娃娃菜
豉油皇煎咸肉
荔芋虾卷
煎焗鱼肠
酱爆芦笋奥带
明炉萝卜丝煮鲑鱼
XO 酱胜瓜炒虾仁
咖喱海鲜煲
鲜羊腿肉
手抓蒜香骨
鹅肝蒸蛋白
虫草花鸡汤燕肉丸
鱼米之乡
越南煎虾饼
家乡煎藕饼
带子赛螃蟹
酥炸野鸡卷
大良炒鲜奶

特色菜

焗银雪鱼
焗纽西兰羊排
山药焖牛肋骨
松露三杯鸡
翡翠煎酿冬菇
干烧健康菌
黑椒鹅肝牛柳粒
葡萄汁焗奥带
金盏海鲜菇
秘制东坡肉
杏香小唐菜

杭州风味

飘香美味乳羊腿

特色石锅凤爪(美国泰森大凤爪)

三湘鱼头王(千岛湖大鱼头)

飘香水煮鱼(草鱼)

馋嘴牛蛙

铁板柴火香干

常德肥肠煲

小炒黑山羊

毛氏红烧肉

干锅船家豆腐

农家小炒肉

河豚菜系

羊腩煲河豚鱼

白汁河豚鱼

土烧河豚鱼

香煎河豚鱼

麻辣河豚鱼

红烧河豚鱼

金汤河豚鱼片

日本刺身

东瀛刺身拼盘
七彩刺身拼盘
锦绣刺身拼盘
一品刺身拼盘
三文鱼刺身
北极贝刺身
加吉鱼刺身
金枪鱼刺身
黄狮鱼刺身
希零角刺身
海朋刺身
赤贝刺身
章鱼刺身
墨斗鱼刺身

港式烧卤

红烧全乳猪(提前预定)

广东挂烧鹅

东江盐焗鸡

蟠龙锦锈拼盘

锦锈拼盘

烧味拼盘

卤水拼盘

生炸乳鸽

蜜汁酱烧排骨

炭烧猪颈肉

澳门烧肉

蜜汁叉烧

卤水鹅掌翅

卤水豆腐

大厨献艺

堂煎安格斯牛柳配

法式煎鹅肝

烧汁银鳕鱼

堂煎牛柳拼大虾

堂煎黑椒牛仔骨

堂煎四头大虾

新派粤菜品种

鱼子酱煎法国鹅肝
剁椒豆腐蒸鱼头
怡香爆脆鳝
南乳香酥肉
原汁原味时令菜
露笋百合云耳炒鲜虾澳带
黄油煎澳带羹
南瓜原味排骨
津丝极品炒鲍丝
鲜茄黄豆煮鳕鱼
盘满钵满
麻辣汤浸鱼头
浓汤虾干煮萝卜丝
两葱爆螺片
罗汉竹笙时蔬
红葱头干迫大肠
香宫焗骨
越葱烤牛肉
鲤鱼跃龙门
瑶柱黄瓜脯
黑椒碳烧羊排
浓汁海皇豆腐
蒜香焗泰虾
手抓盐烧猪手
葵花吐艳
香煎银鳕鱼
宫爆川汁虾仁
金沙豆腐拼鹅肝卷
黑椒汁煎安格斯牛扒
岭南佛跳墙
鸡腿菇爆牛仔柳
名斛响螺炖水鸭
菜胆竹笙炖珍珠肉
韭菜花爆炒曹虾
果仁椒盐鱼虾
梅菜莲蓬扣肉
支竹炆羊腩煲
干迫东山羊片
韩国碳烧肋排
浓汁扒津白胆

名店畅销菜

老醋炸花生米
麻辣牛筋
五彩鱼皮
金色年华拼白菜心
凉拌洋葱拼木耳
泡菜坛子
陈醋蜇头
蜜豆百合炒香酥肉粒
西芹百合炒螺片
鲍汁扣七头网鲍
洋葱丝拌黑木耳
清炒什菌煲
冬虫草鳖肚炖辽参
凉拌爽笋
榄菜肉碎四季豆
鲍汁扣辽参
凉拌白菜心
玉米地瓜
潮式卤水拼盘
萝卜炖豆腐粉条
澳龙刺身
清蒸多宝鱼
芦笋百合云耳鲜虾澳带

红烧乳鸽
菇菌豆腐脑萝卜丸
蒜片黑椒牛柳
黑椒汁煎牛扒
两葱爆螺片
浓汁海皇豆腐
佛跳墙
荔湾凉拌菜
芸豆大枣
蜜豆银杏木耳炒肉粒
鲍汁扣八头白玉
槽香乳鸽
脆凤果鳗鱼果
冬虫草辽参炖花胶
拍黄瓜
青瓜炖螺片
烧汁焗酿茄子
盐烧猪手
清炒什菌煲
清蒸东星斑
淮山木耳炒银耳
石斛响螺炖水鸭
清蒸苏眉

鱼子酱煎鹅肝
堂灼东星斑
豉油王咸猪肉
黄油香煎澳带
鲜茄黄豆煮鳕鱼
海鲜窝塌豆腐
红葱头炒蛋
原味塘蒿
原味南瓜排骨
回锅肉
浓汤娃娃菜
葵花吐艳
盘满钵满
葱油饼
蛋挞
玉米馍馍头
长寿面
手擀面
炸酱面
木瓜
红葱干煸大肠
蒜茸龙虾仔
泡菜焖东星
虎皮尖椒
猪肉汤白菜
香煎银鳕鱼
什菜牛筋腩
菜胆竹笙珍珠肉炖汤
原味西洋菜
尖椒芦笋大肠
堂灼骨髓煮萝卜
浓汤虾干煮萝卜
生煎包
家常豆腐
南乳香酥肉
西芹炒百合
咸猪骨煲淋大芥菜
剁椒豆皮炒香芹
糯味饭

杭州精品菜

元宝虾
铜盆河虾
牛脯番茄炖土豆
野葱干焖肉
杭州腌鲜
农家杆酱
小炒黑山羊
南瓜蜜豆炒百合
瑶柱大白菜
苦瓜山药
深海大黄鱼
特色牛排
龙井虾仁
芙蓉龙虾
藏香猪炖蘑菇
雪花牛肉炒甜豆
杭椒牛柳
东坡肉
华商三鲜
飘香猪手
腊肉双脆
大煮干丝
小炒三色
农家小炒肉
三丝水芹
油淋西兰花
鲍鱼焖野鸭(6个鲍鱼)
耗皇扒猪手
红烧大鱼头(浓汤/红烧/剁椒)
松茸牛仔肉炒鳕鱼
鹅肝酱焗松茸菌
石锅牛仔骨

亚洲系列

芝士焗阿拉斯加蟹

天妇罗大虾拼煎煽海鳗

法式鹅肝卷

香菇牛油大虾

大虾拼寿司

咖喱面包蟹

日式牛肋条

泰酱九层塔炒牛柳

清边焗鸡肉

烧汁烤鸡腿茹

田园素菜

瑶柱扒时蔬
西芹炒百合
泉水煮时蔬
四味炒湘莲
金银蛋上汤浸时蔬
浓汤煮娃娃菜
上汤培根煮大芥菜
上汤/蒜茸/清炒时蔬

主食

瑶柱鲜虾荷叶饭

公主炒饭

鲍汁焖伊面

老北京炸酱面

港式面点

鲍鱼酥
鸡蛋卷饼
南瓜酥
港式煎饺
生煎白菜包
宫廷豌豆黄
山西刀削面
青汤面
榴莲酥
澳门蛋挞
蛋黄莲蓉酥
韭菜鸡蛋水饺
葱香盘丝饼
杂果雪梅娘
川味担担面

凉菜

香语蜗牛
抖驴板肠
千层脆耳
项花黄瓜配有机萝卜
驰名素火腿
富硒松茸
明日鸡卷
瑶柱炝蚕豆
酸辣鱼皮
木姜丝瓜尖
江南手剥笋
外婆巧手酥醉鱼
什锦养生木耳
跳跳苦瓜
四宝菠菜
冲菜毛豆仁
桃仁香椿苗
金丝苦菊
香葱美极贝尖
香辣牛筋
五香牛展
二味玺头
捞汁虫草花
老醋蛰头
南京咸水鸭
萝卜丝拌蛰皮
杭州酱鸭
捣蒜黄瓜花
巴山口水鸡
香薰仔鸡
三鲜烤麸
红酒雪梨
神仙草拌桃仁
跳水花生
蓝梅山药

美食(任点任吃)

点心类

新鲜虾饺皇	榄仁马拉糕
蟹籽蒸烧卖	荷香珍珠鸡
豉汁蒸凤爪	潮州蒸粉果
姜葱牛百叶	香煎韭菜饺
鲜竹牛肉球	五香咸水角
蜜汁义烧包	上海小笼包
桂花马蹄糕	盐烧脆豆腐
天下第一包	泰式煎鱼饼
蒜香脆春卷	黄金西米露
香煎萝卜糕	紫米红豆沙

凉菜类

洋葱木耳	拌葛笋丝
中华沙律	拌豆腐丝
凉拌贡菜	盐焗凤爪
尖椒皮蛋	伴什锦菜
老醋花生	小西红柿
凉拌苦菊	卤蛋豆腐
鱼干炝花生	爽口萝卜
镇江肴肉	桂花糖藕
沾酱小萝卜	四喜烤麸

蒜拍黄瓜　　五香花生

小菜类

宫保辣鸡丁　　麻婆烧豆腐
凉瓜排骨煲　　美极海生虾
萝卜牛腩煲　　盐烧海生虾
咸蛋蒸肉饼　　XO 海虾粉丝
鱼香茄子煲　　咖喱滑鸡煲
油盐水青蔬　　味菜炒三丝
香煎莲藕饼　　野菌烧豆腐
西红柿煮鸡蛋　　金沙野菌小瓜
金银蛋浸时蔬　　干锅湘川腊肉
鲜芡实南瓜淮山　　金瓜木耳炒山药
土魷银鱼蒸胜瓜　　海味什菜煲
干煸四季豆　　云胜炒黄牛仔肉
温公粗斋煲　　惹味空心菜
煎封鲈鱼　　鱼香炒肉丝
凤梨咕噜肉　　湘川腊味大白菜

主食类

明火白粥　　丝苗白饭
菜肉饺子　　葱油拌面
扬州炒饭　　干炒牛河
星洲炒米粉　　豉油皇炒面
京都炸酱面　　瑶柱担仔面

欢迎任点享用、不可打包、请勿浪费、食品剩余每 100 克加收 ¥ × ×元，身高 1.2 米以下小童￥××元，1.2 米以上正价收费。以上优惠套餐因货源关系或有部分菜式供应不足或短缺，本酒家不会事先通知或补偿，请在此套餐菜式内从新点菜享用。

供应时间：中午 11 时 ~ 14 时，晚 17 时 ~ 22 时。以上优惠套餐只限大厅供应，免收加一服务费，饮品及茶费另计，本公司保留修改以上套餐内容及运作条款的权力。

粉面饭类 70 款

时菜牛腩炒牛河
扬州炒饭
银芽肉丝炒面
菜远牛肉河
夏威夷炒饭
味菜牛肉炒面
滑蛋虾仁炒河
鸳鸯鸡丝饭
豉油王炒面
干炒凉瓜肉片河
豆腐班腩饭
豉油皇吊片炒面
豉椒鲜鱿炒河
滑蛋牛肉饭
干烧伊面
干炒叉烧意粉
凉瓜排骨饭
什菌干烧伊面
厦门炒米
虾酱牛菘炒饭
红烧鲜菰伊面
牛崧炆米
蟹子鲜虾炒饭

菜远牛肉炒面
干炒牛河
泰式炒饭
排骨炒面
豉椒牛河
福建炒饭
罗汉齐炒面
豉椒排骨炒河
迷你福建炒饭
豉油王龙须炒面
西施班片炒河
鲜茄肉片饭
罗汉齐扮面
干炒牛肉意粉
肉松豆腐饭
金菰瑶柱炆伊面
什会炒河
咸鱼鸡粒炒饭
红烧鲜菰伊面
星州炒米
虾酱牛菘炒饭
北菰鸡球窝面
雪菜肉丝炆米

海中宝窝面
鱼香茄子炆米
瑶柱蛋白炒饭
上海粗炒面
香茜牛肉崧炆米
时菜肉片饭
苔葱扮面
什菌班粒鸳鸯米线
四宝炒饭
虾球炒面
烧鸭(半只)跟檬粉一窝
焗猪扒饭
菜远上汤生面

瑶柱海鲜红米饭
肉松豆腐炆伊面
茄子鱼松炆米
豆腐火腩饭
炸酱粒捞面
榨菜肉丝窝米
时菜排骨饭
班球炒面
香茜皮蛋鱼云米线
梅菜扣肉饭
牛腩捞面
干炒三丝面
时菜鲜鱿炒面

意头菜

好市发财(蚝豉发菜)
竹报平安(竹笙冬笋)
金钱满载(北菇)
福禄寿全(花胶海参)
金鸡报喜
龙凤呈祥(龙虾)
翡翠龙凤配(鸡肝炒××)
鸾凤和鸣(鸡)
蜜运成功带子来
鸿图大展翅
金钱富贵鲍
横跨四海(蟹)
年年有余(鱼)
金银满屋
横财就手
福星高照
家肥屋润
生意兴隆
金玉满堂
事事如意鱼
出入平安
鲤跃龙门

花开富贵(蚧黄)
龙马精神(虾马蹄)
带子红袍(带子酱爆)
生财显贵鸡
红运当头(炸鸡、乳猪)
凤凰来朝(鸡)
东成西就(蚧、生菜冬笋)
天仙匹配
才子佳人
福禄包罗万有
发财全家福
福如东海(东星)
马到功成
知足常满
心想事成
富贵添丁
生财大利
喜庆双宝
满掌金钱
财源广进
独占鳌头
金袍玉带

素菜资料及菜名

芥菜
北菇
松子
瓜类
莲子
腐皮
豆腐茸
芽菜
冬笋
竹笙
炸芋头泥
白果
核桃
辣椒
万佛朝宗
法海浦团
雪岭奇葩
菩提佛法
禅院仙迹
蓬莱仙境
慈舫普渡

雪耳
紫菜
豆腐块
路笋
白菌
粟米心
白菜
马蹄
粉丝
麦根
西兰花
金针菇
西芹
冬瓜盅条
仙女下凡
金身法现
鼎湖上素
仙里奇缘
罗汉上素
八仙过海

围碟边材料

青瓜片

蛋丝

春卷

干冰效果

紫菜

菜远

炸腐皮

番茄片

金笋丝

脆奶

菠萝片

金笋条

烟肉卷

荷叶

海蜇

珍珠笋

蜜桃片

炸豆腐条

橙片

生菜丝

戈炸

冰船

鲜兰花

西兰花

炸薯条

香茜

烧云腿片

鸡蛋片

鲜露笋

炸芋头

干冰(雕金笋图形:花朵、渔翁、金鱼)

锡纸(美人鱼、龙、马、凤、塔)

席间煮制

1. 鲍汁扣大鹅掌。

材料：鹅掌 1 只、菜胆 1 条、鲍汁 3 两。

制作：鹅掌厨房加工好后用煲仔上，菜胆另上，加热后分鹅掌、菜胆。

2. 20 头日本吉品鲍。

材料：20 头吉品 1 只，西兰花 2 件，鲍汁 3 两。

制作：鲍鱼在厨房里加工好后碟上，鲍汁用煲上。将鲍鱼放进鲍汁里加热分位，每位 1 只鲍鱼 2 件西兰花。然后淋鲍汁上面（跟黄芥辣助吃）。

3. 黑椒汁烤纽西兰羊扒。

材料：西兰花 1 件、野菌 1 件、羊扒 1 件、黑椒汁 3 两。

制作：羊扒由厨房加工好后分位出，将黑椒汁煮热淋在羊扒上，即可。

4. 香草汁煎法国鹅肝。

材料：鹅肝 1 件、西兰花 1 条、甘笋角 1 件、野菌 1 件、黑椒汁 3 两。

制作：鹅肝加工至 7 成熟，用不粘锅加牛油煎至 9 成熟，分位、加热、香草汁淋上即可，跟刀叉。

旅行社菜单

A 餐：	锦绣拼盘	梅菜扣肉煲	双色蒸水蛋
	清炒时蔬	椒盐中虾	榄菜肉松豆角
	鱼香茄子煲	干烧鱼	西湖牛肉羹
B 餐：	卤水拼盘	豉椒牛肉	香菇油菜
	红烧豆腐	粉丝什菜煲	大良炒鲜奶
	肉片炒黄瓜	清蒸鲩鱼	鸡茸粟米羹
A 餐：	特选大拼盘	马蹄羹肉饼	鸡蛋西红柿
	麻婆豆腐	菜远牛肉	酥炸鸡块
	豆豉鲮鱼油麦菜	古法蒸鱼	例汤
B 餐：	精美大拼盘	肉松豆腐	宫爆鸡丁
	尖椒土豆丝	咖喱粉丝什菜煲	古老肉
	码头小炒皇	梅菜蒸鱼	西红柿鸡蛋肉片汤
豪华海鲜餐：	烧味大味碟	椒盐虾爬	清蒸海上鲜
	粟米鱼肚羹	避风塘炒蟹	粉丝虾米什菜煲
	自助白米饭	酱爆贝螺羹	榄菜肉送四季豆
	奉送水果盘		

员工餐菜谱

星期一（午） 西红柿炒鸡蛋 青椒大白菜
（晚） 红烧豆腐 芹菜炒猪肉

星期二（午） 蒜苗炒五花肉 青椒土豆片
（晚） 黄瓜木耳炒肉 豆芽拌海带

星期三（午） 豆腐烩杂肉 呛炒圆白菜
（晚） 土豆烧牛肉 韭菜炒鸡蛋

星期四（午） 红烧鱼块 蒜茸菜心
（晚） 五花肉炖粉条 炒时蔬

星期五（午） 蒜薹炒肉 红烧豆腐
（晚） 呛炒大白菜 回锅肉

星期六（午） 鸡蛋炒黄瓜片 韭菜炒青椒
（晚） 烩炒油麦菜 拌三丝

星期日（午） 卷心菜炒木耳 萝卜烧杂肉
（晚） 豆角烧肉 酱烧茄子

经理餐

星期一(午) 三色蒸水蛋 清炒时蔬 土豆云豆炖排骨
炒辣菜 香茜鱼片汤
(晚) 尖椒土豆炒肉丝 叉烧煎蛋 咸鱼蒸花铺
上汤浸时蔬 例汤

星期二(午) 猪肝枸杞汤 家常大白菜 蚧子蒸水蛋
清炒西兰花 醋熘尖椒土豆丝
(晚) 鱼香茄子煲 肉松煎蛋角 马蹄莲牛肉饼
粟米羹 上汤皮蛋浸时蔬

星期三(午) 粉丝虾米煎水蛋 干炒牛河 尖椒土豆炒肉片
紫菜蛋花汤 豆豉鲮鱼油麦菜
(晚) 家乡蒸草鱼 西红柿炒蛋 银菜炒三丝 例汤

星期四(午) 三色蒸水蛋 牛松豆腐 醋熘尖椒土豆丝
清炒时蔬 海芥菜豆腐鸡蛋汤
(晚) 红烧茄子 上汤金银蛋浸时蔬 煎荷包蛋
北菇云耳蒸滑蛋 鸡茸粟米羹

星期五(午) 凉瓜炒鳝片 请蒸水蛋 豉油王炒面 炒辣菜
皮蛋瘦肉粥
(晚) 烧鸭双拼 咸菜炒猪肚 例汤 豆豉鲮鱼浸油麦菜
大白菜豆腐粉皮炖红烧肉

星期六（午） 叉烧三拼 炖三鲜 尖椒土豆丝 紫菜蛋花汤
虾酱火腩豆腐煲
（晚） 西湖牛肉羹 上汤皮蛋浸时蔬 咸蛋蒸肉饼
鱼香肉丝 土豆云豆炖排骨

星期日（午） 清炒时蔬 三色蒸水蛋 家常大白菜 枸杞猪肝汤
尖椒土豆炒肉丝
（晚） 例汤 红烧豆腐 炒辣菜 咸鱼蒸肉饼
椒丝腐乳通心菜

自助餐菜单

粤点

蛋黄酥	叉烧餐包	马蹄糕
香煎萝卜糕	红豆沙	银耳雪梨糖水
蟹籽烧麦	姜葱牛百叶	蒜香蒸排骨

川菜

辣子鸡	爆炒肝尖	香酥小黄鱼
农家炒腊味	香辣大羊排	糯米排骨
粗粮拼盘	三色四季豆	毛氏红烧肉
青椒土豆丝	龙井虾	

日本档

风味肥肠	黑椒里脊	红薯仔
粽子	蒸玉米段	萝卜干炒腊肉
咕噜肉	蒸土豆、芋头	山药
酥炸平鱼	挂炉排肋	黄瓜炒肉
蒜香鱼头	白菜煎包	猪肝粥
生滚鱼片粥		

烧腊

卤水金钱肚	烧鸭	脆皮烧鸡
咸鸡	猪舌	叉烧

粤菜

白灼菜心	蒜茸蒸胜瓜	花旗参炖乌鸡
鲍汁花菇	鲍汁猪手	鲍汁肚羹
鲍汁花生凤爪	炸蒜酱鸡中翅	蒜茸粉丝蒸扇贝
白灼海虾	豉汁蒸白鳝	避风塘掌中宝
咸骨煲淋连皮冬瓜	潮州煮双丸	辣味炒饭
九王肉丝炒面	豉椒炒花蛤	避风塘花蟹

西点

黑森林蛋糕	草莓毛士蛋糕	沙架蛋糕
栗子蛋糕	蓝莓毛士蛋糕	鲜果蛋糕
牛角包	提拉米苏	

刺身

三文鱼刺身	醋青鱼刺身	章鱼刺身
生蚝刺身	青瓜卷	太卷
加州卷	甜虾寿司	寿司拼盘
水果拼盘		

凉菜

老粗海蜇头	大丰收蘸酱	水果沙律
酱香牛肉	手剥笋	花生
醋拌白菜		

传菜部配料

蚝皇鲍鱼类:堂煮器皿。

刺身类:日本绿芥末、酱油。

全体乳猪:乳猪酱、白糖、薄饼、葱根。

乳猪件:乳猪酱、白糖。

烧鸭、烧鹅、琵琶鸭:冰梅酱。

卤水类、鸽、汾蹄、凤爪、肚利等:蒜茸拌白醋。

杏香肉花球、脆皮大肠:酸甜汁。

大丰收、豆腐卷蘸酱菜:鸡蛋酱。

白切鸡、豉油鸡:姜葱茸。

椒盐虾、炸茄盒、炸子鸡、烧乳鸽:淮盐急汁、隔碟装。

手撕盐焗鸡:沙姜粉。

白灼虾:虾汁(酱油、椒丝、烧汁混合)、洗手盅。

清蒸蟹:红醋、姜汁、蟹钳、洗手盅。

盐水虾爬:姜汁、洗手盅。

八爪鱼蘸酱:蒜蓉酱。

蜜汁烧鳗鱼脯:烧汁。

干煎刀鱼:椒盐。

脆皮炸鲜奶:白糖。

天妇罗时蔬、大虾天妇罗:厨房配出特种汁。

锅仔菜类:酒精炉、大汤勺。

海鲜大酱国、福禄寿:暖座。

过桥类:过桥特色汁。

沙律卷、香煎银鳕鱼:卡夫奇妙酱。

水饺、锅贴、水煮贝壳类:蒜酱。

小笼灌汤包:姜丝浙醋。

上海菜配料

凉菜

1. 皮蛋糕(跟姜茸、镇江香醋)。

2. 镇江肴肉(跟镇江香醋)。

3. 三黄鸡(跟三黄汁,包括:姜、葱、香油、万字酱油、美极酱油、白酒、米醋、老抽、糖、盐、味精、鸡精)。

热菜

1. 椒盐排骨(跟淮盐、急汁)。

2. 桂花肉(跟淮盐、急汁)。

3. 酥皮异香肉(跟急汁)。

4. 炸臭豆腐(跟鱼香汁也叫臭豆腐汁,主要配料有:花生酱、蒜、姜、葱、生抽、美极酱油、香油、辣油、鸡精、糖、醋、豆瓣酱)。

5. 响油鳝糊(跟胡椒粉)。

6. 生菜鱼米包(跟甜面酱)。

7. 白灼虾(跟洗手盅、虾汁,包括葱丝、姜丝、辣椒丝、美极酱油、鱼露、胡椒、鸡粉、麻油、生抽、香菜、糖)。

8. 水晶虾仁(跟大红浙醋)。

9. 鱼翅类(都跟大红浙醋)。

10. 清蒸肉蟹、清蒸大闸蟹、清蒸毛蟹(跟白糖、姜茸、镇江香醋、洗手盅)。

11. 龙虾刺身、三文鱼刺身、北极贝(跟万字酱油、绿芥末)。

点心

1. 大上海小笼包（跟镇江香醋）。
2. 蟹粉小笼包（跟姜丝、镇江香醋）。
3. 生煎包、煎饺、锅贴（跟镇江香醋）。
4. 葱油拌面（跟雪菜汤）。

海鲜分量

大鲍鱼	1斤	3至4个
小鲍鱼	1斤	15至18个
龙虾仔	1只	0.5至1斤
竹节虾	1斤	36至46只
罗氏虾	1斤	15至20只
虾爬	1斤	13至16只
大对虾	1斤	冰鲜4至6只
皇帝蟹	1只	3至4斤
太子蟹	1只	1.5至1.7斤
母梭蟹	1只	0.6至0.8斤
河蟹	1只	0.3至0.4斤
大闸蟹	1只	0.5至0.6斤
公梭蟹	1只	0.4至0.6斤
肉蟹	1只	0.6斤
红花蟹	1只	1至1.2斤
贵妃蟹	1只	1.2至1.5斤
赤甲红	1斤	3只
黑海胆	1斤	2至3只
夏威夷贝	1斤	3至4只
牛眼蛤	1斤	35至40个
文蛤	1斤	12至14只
赤贝		
蛏子皇	1斤	6个
毛蚬子	1斤	20个
带子连壳		
海螺	1斤	6只
巴骚	1斤	5至6只
活海参	1斤	2至3只
象拔蚌	1个	2.5斤左右
甲鱼	1只	1.2至1.6斤

如何发干货

发散翅方法：浸水两小时，斩翅头，清洗，煲四小时，竹箕倒起，用水啤凉，清翅肉，再啤半小时，再煲两小时到大念，冲洗幼砂，煮滚两次加姜汁酒煮滚一次，清水再滚一次便可。

发鲍翅方法：滚水煲四小时至退沙，打沙，用竹排好，进煲煮四小时后过清水，去翅骨。排放在竹再煮四小时至够大念，漂水一小时当煲翅及漂水时用重物压翅，无弄散。

发鲍鱼方法：浸凉水八小时，煲两小时，啤水，洗沙，加冰糖、姜葱、鸡脚、火腿、赤肉、味精、老抽、绍酒煲八小时。

发燕窝方法：锅不能有油或苏打粉味要十分干净，以容器住燕窝，以滚水倒入容器上盖等至水凉，再以滚水例局多一次。以姜汁、酒煮滚一次，换清水再煮滚一次。食甜者用糖水炖，食咸者以上汤滚煨过才上碟。

发海参方法：用火烧至皮起焦，冻水加苏打粉浸半小时，刷去里衣，用煲煮水至滚，放进去焗至水凉。再从煲滚水再焗至够身以姜汁、酒滚煨两次才入雪柜。

炸子鸡之肉滑皮脆法：开水浸泡，吊干，皮水秘方：麦芽糖、白醋、急汁少许、食粉少许。

香酥小黄鱼做法：干辣椒 50 克、干花椒 10 克、耗油巧克、鱼露 20 克、味精 10 克、鸡精 10 克、盐 70 克、白酒 40 克、十三香 1 盒、胡萝卜 1 根、芥菜叶 1 斤、青椒 2 个、香菜、洋葱 1 斤，水 6 ~ 8 斤。

河粉做法：粘米粉 0.6 两、糯米粉 0.8 两、澄粉 0.3 两、生粉 3.2 斤、水 6 斤左右干货类。

中外名酒篇

中国名酒

贵州——茅台、董酒　　四川——五粮液、剑南春

江苏——洋河大曲　　山西——汾酒、竹叶青

安徽——古井贡　　泸州——大曲

广东——水井坊、酒鬼、米酒

啤酒酒精度 4~5 度　　生啤酒 Draught

清啤 Pilsener　　浓啤 Lager　　黑啤 Stout

法国红酒王三款

Romanee Conti 罗曼尼康帝

Chateau Lafite 拉菲

Chateau Hermitage 玛泽城堡

法国白酒王

Chateau D'Yquem 伊甘酒庄

香槟王

Dom Perignon 唐培里侬

白兰地王

Richard 理查

威士忌王

Blue Label 蓝牌

何谓好酒，至今都难有一个标准，人有不同性格，就有不同爱好，如甜酸苦涩，不可相强，一句话“你喜欢某牌子酒之口感味道，就是好酒”，与情投意合知己一齐喝酒，什么酒都好喝。

中外高价酒都是利用你崇拜高档心态，光看电视台黄金时间，铺天盖地上亿元广告，高价聘明星代言，白酒绝对是高利润，否则天文数字广告费何来。

烟酒这两种物体对健康是有害无益，不要迷进去，只能在交际应酬中对付一下便可，不要真醉，学懂诈醉，否则上瘾后，残害身体，醉酒生悲的例子太多，破坏家庭及事业，后悔太迟了，三杯进腹，旁人变知己，豪情壮志，好比超人，什么都说成，破坏自己形象。

酒是靠勾兑师用各类化学材料勾兑不同味道来提高身价，加上如塑化剂，产生黏稠度，从而产生“挂杯”效果，酒香持久。但塑化剂对身体有害的。

1. 拿名贵葡萄酒要当它是婴儿，轻拿抱好，切忌摇晃，否则底部渣子跑到上面，要等很长时间才能沉淀，破坏酒质。

2. 拿给客人检查过酒的牌子及年份才开瓶，否则责任自负。

3. 开酒面对客人，用酒刀将酒樽的锡皮商标，割起反贴在樽上，将酒钻钻进去，左手握着瓶头，慢慢使劲将钻连木塞抽出来。香槟则转松铁丝小圈，再将四周铁丝弃松，用手将木塞慢慢拔出来。

4. 用干净餐巾清洁瓶口，拿酒瓶木塞给主人闻一闻，无意见就倒六分之一酒给主人试味，满意后，斟酒先给女主宾，后男主宾，再其他宾客，最后主人。

5. 斟酒必须站在客人右边，否则会反手，斟完酒微微一转酒瓶，免滴酒在客人身上或桌上。

6. 客人喝完第一瓶，换第二瓶是另外一种牌子，则要换新杯，因酒质不一样。

葡萄酒、烈酒的基本学问

我们走进有规模的百货公司,其中卖酒专门店门前有一个标牌 Wine & Spirit 或 Wine & Liquor. 首先我们要清楚什么是 Wine。什么是 Spirit 或 Liquor。

Wine 的定义是用葡萄汁发酵(Fermentation)酿造而成的酒,叫葡萄酒。

Spirit & Liquor 是用谷麦发酵再经蒸馏(Distillation)酿造而成的酒,叫烈酒。

Wine 分四类:

1. Table Wine 餐酒或叫 Still Wine 静止的酒。
2. sparkling Wine 含气泡的葡萄酒。
3. Fortified Wine 加强酒精的葡萄酒。
4. Aromatized Wine 混含香料的葡萄酒。

Table Wine 餐酒葡萄酒的历史起源于古埃及和希腊罗马时代,但十七世纪法国生产之高素质葡萄酒已名扬世界,直至十八世纪北美南美及澳洲才开始种植酿造,因此法国葡萄酒在人们心中已有先入为主的概念。不论其他酒商怎么自夸自赞去推广,消费者都认同法国货,酒价亦比其他高得多。现今社会若对葡萄酒有一定认识与学问,必能提高别人敬仰你之文化修养。

法国人寿命比其他国家人长三岁,患心脏病、冠状动脉硬化,胆固醇低20% ~30%,因为他们每天都喝一至两杯酸涩微甜之葡萄酒,葡萄含有月一宁酸对上述病症能压制,像中国人讲“喝醋对身体有益”相同。

葡萄酒产区:

1. 欧洲:法国、德国、意大利、西班牙和葡萄牙等。
2. 美国西岸一带,澳洲东南部,南美洲之智利及阿根廷,中国之山东青岛等。

葡萄生长条件：

1. 温带区 20～55 度。

2. 阳光充足但不能猛烈。

3. 成长期雨水要多，成熟后雨水要少。

4. 肥沃土质反不合，需排水性好，如沉积岩石、石灰质酸性土、砂粒、卵石、向阳斜坡等土地才适合。

5. 工人付出的精神及技艺。

葡萄酒品种名字及种植国家：

Pinot Noirf	法国	Gamay	法美	Merlot	法意瑞
Pinot Blanc	法国	Fume Blanc	法美	Shiraz	法澳
Pinot Meunier	法国	chardonnay	即法美		
Syrah	法国	Sauvingnon Blanc	法美		
Semillon	法国	Zinfandel	法美		
Chenin Blanc	法国	Riesling	法德美中		
Traminer	法德意	sylvaner	法德澳美中		
Gewurz Traminer	法德意	Muscadet	法德澳美加中		
Cabernet Sauivingnon	法美中				

以国家、地区名作为葡萄酒酒名之国家有法国 Alsace 区、德国部分地区、美国加利福尼亚州、澳大利亚、西班牙、中国。

酿造过程：采摘；去梗；榨汁；酒糟发酵 5～18 天，出色和产生丹宁酸；过滤入橡木桶储存二至三年成熟；装瓶储存一至二年或十至二十年不等才出售。

Bealijolais 部分酒装瓶后半年就需饮用否则变老化。

一般餐酒在发酵后二至六个月便可入樽。

葡萄之皮是色素主要原料，如 Rose 酒，发酵到粉红色就清除葡萄皮。

法国葡萄酒产区（主要）

法国葡萄酒有二大产区：Burgundy 及 Bordeaux。

Burgundy 分五大产区：

(1) Cote-Dor
- Cote de Nuit (Gevrey-Chambertin, Chambolle-Musigny, Vose-Romanee, Nuits, St. Georges)
- Cote de Beaune (Aloxe Corton, Pommard, Beaune, Meursault, Puligny Montrachet)

(2) Cote Chalonnaise (Rully, Mercurey, Givry, Montagny)

(3) Maconnais (Pouilly-Fuisse, St-Vern, Macon)

(4) Beaujolais (Brouilly, Cote de Brouilly, Morgon, Regnie, Julienas Fleurie, Chiroubles, Chenas, Moulin-a-Vent, St, Amour)

(5) Chablis (Petis Chablis)

Bordeaux 分七大产区：

(1) Medoc 分(上) Modoc-Pau Illac, St. Estephe, St. Julien (下) Haut Medoc-Margaux

(2) Grave

(3) Sauternes

(4) Barsac

(5) St. Emilion

(6) Pomerol

(7) Fronsac

法国五大特级酿酒庄园：

(1) Chateauau Lafite-Rothschild

(2) Chateau Latour

(3) Chateau Mouton-Rothschild

五大庄园有三大都在 Medoc 之 Pauillac

(4) Chateau Haut Brion 在 Grave 之 Pessac

(5) Chateaux Margaux 在 Margaux

Burgundy 属区 Aloxe Corton 产酒 Charlemagne（查理曼大帝，罗马末期）

是一位改革葡萄种植重要人物，起名纪念他。

Blanc de Noirs　红葡萄酿的白酒　Primeur　新酒宜早饮

Mise En Bouteilles　原产地入瓶

Premier Cru　一级庄园　Grand Cru 特级庄园

Appellation Controlee　由法国葡萄酒管理局监控。

法国 Burgundy	红酒王	Romanee-Conti
Boadeaux	红酒王	Chateau Lafite 82 年
Cote Du Rhone	红酒王	Chateau Hermitage
Bordeaux	白酒王	Chateaun D’Yquem.

Bordeaux 之酒瓶形是有肩膀的，Burgundy 之酒瓶形是无肩膊的，是流线型(溜肩膊)。

饮用红葡萄酒室内温度最好 16℃～18℃，提早一个小时打开瓶塞，让酒与空气接触叫“Brteathe”呼吸。饮白葡萄酒及 Rose 可冷却至 8℃～10℃。红酒切忌冷饮。

香槟和有气泡酒就可冷却至 4℃～6℃。开瓶后要观看瓶之木塞的干湿度及嗅有否变质味、木塞上的日期是否过期。

品尝酒之八大步骤：摇摆酒杯；欣赏酒色；闻赏酒香；用舌及口腔浅尝；慢吞咽喉；放松身体；回想酒味；赞美批评。

品酒时将杯倾斜，借阳光看清酒之颜色。

新鲜红酒是紫红色，成熟期转血红色，熟透至陈年程度转至唬泊色。

新鲜白酒是清苹果绿色，成熟期转黄或淡黄，熟透至陈年转至浅啡。

观看浓稠或清晰度，酒之挂杯痕(酒的眼泪)与酒质好坏说法不一。

闲赏酒香字句：芬芳花香、水果香、香料香、橡木桶香、丹宁酸味、菇菌香。

Intensity 香味浓郁　　Length 留香

Aroma 异香　　Bouquet 醇香

Smooth 圆滑　　Rube 粗劣

Young 太新　　　　　　　　　　Mature 成熟

Full Body 浓郁酒质　　　　　　Light Body 清淡酒质

Tender 柔顺新鲜

专业评酒师品酒时，只被告知葡萄产区、种类和可能年代，不告知产地制造商（酒瓶只写瓶编号）。品酒是用专用 Inao 高瞻杯评判颜色气味和口感。

White Before Red！先白后红 Young Before Old！先新后旧 Light Before Heavy！先淡后浓

葡萄酒应储存在阴凉不见阳光之地窖或温控橱柜

Alsace 地区葡萄酒

位于巴黎往东 500 公里，靠近德国边境，过去多次为德国占领，生产 90% 是白葡萄酒。酒瓶亦同 Rhine 及 Moselle 搏形一样，高身瘦长，跟法国酒传统之有膊，溜膊不一样，种植之葡萄质量亦跟德国差不多，另外特色是用葡萄品种名字来做酒名。如：Riesling, Sylvaner, Gewuritraminer, Muscated, Pinot Noir, Pinot Blanc。

Loire Valley（Loire 河谷）

在法国中部，葡萄园沿着法国最长 Loive 河流种植葡萄，生产 80% 都是白葡萄酒，亦生产世界有名之 Rose 酒。Rose de Anjou。

Loire Valley 区属区 Centre 用 Sauvignon Blanc 葡萄酿造之 Pouilly Fume 白葡萄酒是拿破仑生前指定饮用。

Cotes Du Rhone 区

在法国南部，此区出产之红、白葡萄酒总和有北方一半多。它之 Tavel 区出产之 Rose 酒与 Anjou 区出产之 Rose 同名。在中世纪，教皇曾住此地，所平它生产之红葡萄酒叫 Chateauneuf Du Pape 在世界上很有名气。

第二种类：Sparkling wine 有汽泡酒。

其中一种 Chmpagne(香槟酒)在法国北部 Champagne 地区和附属小区 Lanson, Perrier, Chandon 生产。酒精含量8% ~12%。

香槟的特色：

(1)经过双重发酵,酒桶一次,瓶内再一次。所以,开瓶时产生二氧化碳声音。

(2)可配任何菜色及在任何高兴的场合都可以饮用。

酿造过程：香槟选用三种葡萄混酿 Pinot Noir(黑葡萄)

Pinot Meunier(红葡萄)

Chardonnay(白葡萄)

第一步将葡萄榨汁,发酵,将不同品种,年份之葡萄混配加糖,酵母,放进瓶内,上临时盖,进行第二次发酵,因而产生二氧化碳,逐日将搏身转动,搏头向下,让沉淀物集中搏头,储藏一年至五年,冷冻禅颈,取走沉淀渣滓,加调味剂,再用水松木塞封搏储藏,一年后可出售。

此种酿造方法是 17 世纪末一个盲眼僧人 Dom Perignon 发明。目前香槟王用他名字作酒名。

香槟按酒味分：Brut, Extra sec, Dry = 原味

Den-Sec, Demi-Dry = 小小甜,Doux,Sweet = 甜味。

香槟标纸上印有：Blanc de Blanc;表示纯用 Chardonnay 白葡萄制造。

香槟 80% 用 Pinot Noir 红葡萄酿制。

牌子如：Venve Clicquot Ponsardin, Moet & Chandon, Pol Roger, Heidsieck, G. H. Mumm, Taittinger., Lanson.

香槟及葡萄酒瓶上有些标上年份(Viniage)。年份表示该瓶酒是用标明年份之收成葡萄酿造。法国酒商每年都发放近十年之年份收成七级好坏表。所以,有经验试酒专家,一看年份,就知该瓶酒价值如何。

1 级 Average 普通, 2 级 Fair 尚好, 3 级 Satisfactory 满意,4 级 Good 好, 5 级 Very Good 甚好, 6 级 Excellent 优良,7 级 Outstanding 卓越。

第三类：Fortified Wine 加强酒精葡萄酒

将葡萄汁发酵中加白兰地，使其停止发酵，葡萄的糖分留在酒内，变成带甜的酒，因有白兰地，酒精含量升至20%，品种 Port 及 Medeira 属餐前酒。

第四类：Aromatized Wine 混香料葡萄酒

将葡萄汁发酵中加药草、香料、果实，白兰地。变成不同味的苦艾酒，酒精含量在18%～22%，如 Vermouth，Cinzano，Dubonnet。

Liqueur 香甜酒

香甜酒是西班牙在1238年发明，含糖分量高，将蒸馏过的葡萄酒稀释，加上各种不同品质需要之药草，蜂蜜，果实，香料及糖分，蒸馏后，再贮藏一段时间而成。酒瓶连酒比一般酒重量重得多。

牌子如：Cointerau，Triple sec，orange curacao，Grand Marnier，Peter Herring，Apricot Brandy，Maraschino，Pimm's No.1，Creme de Menthe，Benedictine Dom，Drambuie，Pernod 45，TiaMaria，Kahlua，Galliano，B & B，Anisette.

GERMAN WINE 德国酒

德国和法国酿造之白葡萄酒，品质最佳是世界上公认第一位。德国酿酒园80%都是生产白葡萄酒，红酒很少。德国有两条大河流 Moselle 慕思河及 Rhine 莱茵河，密布林立的葡萄园都沿着两岸狭长地带种植葡萄。英国人称莱茵河区出产之葡萄酒为 Hock。德国字代表德国酿造带气之酒。Spatlese 代表晚摘葡萄干，造酒特别甜。德国葡萄园大都种植80% Riesling 葡萄为主及20% sylvaner 葡萄。

酿酒过程都是葡萄榨汁，发酵，入西樽酿藏过滤入樽出售。

Moselle 河区葡萄酒采用绿色高身瘦长樽形，

Rhing 河区葡萄酒采用啡色高身瘦长樽形。

Moselle 名牌子如：Piesporter Michelsbeg，Bernkasteler Doctor，Zeller

Schwarze Katz

Rhine 名牌子如：Johanniberg Ernterbringer, Liebfraumilch Blue Nun, Steinberger Riesling

Gewurz = 原味　Qualitswein = 高级

Spatlese = 晚摘葡萄　Auslese = 选串晚摘葡萄

Beeren Auslese 特别选粒晚摘葡萄 Trocken Beeren Auslese 干果选粒葡萄 Trocken 不甜 Eliswein 冰酒(用结冰之葡萄,在凌晨树上摘下酿造)特别甜美。

Claret 英国人对 Boardeaux 之叫法 Premier Cru = 壹级葡萄园

Grand CrU = 特级葡萄园 N, V. = Non-Vintage

Mousseux 非生产白香槟区的法国气泡酒 Cuvee 入瓶之高级技术 Appellation Controlee 原产地管制 Blanc de Blanc 白葡萄酿造

Mise Au Domaine 一条龙制造之葡萄园 Blanc de Noir 红葡萄酿造

V. D. Q. S. 法国酒分等,比 A. O. C. 低一级

Reserva, Reserve 高品质酒 Vins de Table 日常饮用法国餐酒

Spirit & Liquor 烈酒 Scotch Whisky

Whisky 威士忌(欧)

苏格兰威士忌可分三种：麦芽 Malt,谷物 Grain,麦芽、谷物混合 Blended。但市面上只有 Mait Whisky 及 Blended Whisky 两个品种出售。谷物威士忌造出来是不卖的,用作混合麦芽威士忌生产出 Blended Whisky 专用的。

威士忌的酿造过程：将麦芽、玉米或谷类发酵经二次蒸馏,一段时间,入樽发售,酒精含量 40% ~55%。

牌子如：Royal Salute, Chivas Regal, Dimple, Glenfiddich, White Horse, Ballantine, Bell, Black & White, Cutty Sark, John Haig, Johnnie Walker, Long John, old Parr, Vat 69。

爱尔兰威士忌是威士忌始创地，远在1171年亨利二世曾喝过威士忌，原料用大麦之麦芽，用单式蒸馏器蒸馏三次，入桶酿藏十年以上，味道浓，辣，没有炭味。正合爱尔兰人口味，但近期世界流行清淡口味威士忌，所以爱尔兰酒厂亦作改变，新酒清淡多了。

牌子有 Jameson，Old Bushmills，Power's，Tuilamore Dew。

Bourbon Whisky 美国威士忌，原料：黑麦、玉米，酒精含量40%～55%。

牌子如：I. W. Harper，Jim Beam，seagam's，Jack Daniel's，Old Grand Dad。

Canadian Whisky 加拿大威士忌别名 Rye

加拿大威士忌，原料：裸麦、玉米、谷类酒精含量40%～55%。

牌子如：Canadian Club，Seagram's V. O.，Mcguinness。

Japanese Whisky 日本威士忌，原料：麦芽、谷类酒精含量40%～55%。

牌子如：Suntory，Nikka。

Brandy 白兰地

白兰地的酿造过程：将葡萄汁发酵，经二次蒸馏，入橡木桶，酿藏一段时间，按酒厂不同品种配搭，入禅发售。酒精含量45%～55%。

品种标记：☆☆☆，三星，储存一年半，

V. S. O. P，(Very Special Old Pale)，老酒，储存四年，

Nepoleon，拿破仑，储存五年，

X. O，(Extra Old)，储存六年以上，

Extra，储存十年以上，

路易十三，储存廿年以上。

享受白兰地按称应在用餐后，用大肚子白兰地杯，倒两个 Pint 左右用手掌之手温，透过玻璃杯将酒变热，令酒香上升。品尝酒是一种艺术。挑战你

之五官，品尝八大步骤。摇摆，欣赏，嗅觉，浅尝，慢吞，放松，回味，赞美。所以法国酒商见到亚洲人饮白兰地之疯狂饮法，简直乐坏了。

法国白兰地是世界排位第一，有二大产区，Cognac 和 Armagnac。

Cognac 名气稍高，有六大产区：(1) Grande champagne，(2) Petite Champagne，(3) Borderies，(4) Fins Bois，(5) Bons Bois，(6) Bois Ordinaries。

将第一及第二区之酒平均搭配则叫 Fine cham Pagne。

Cognac 有六大名酒厂 Martell，Hennessy，Remy Martin，Courvoisier，Bisquit，Camus。

Armagnac 因早期近 500 年不外销，直至第二次世界大战后才改变，所以名声不如 Cognac。另一原因他们之蒸馏方法是用半连续式蒸馏，只蒸馏一次，味道比较粗犷，男性化酒，但开始难喝，但慢慢会使人爱不释口，不喝它不成。有名酒厂 Chabot。

Gin 杜松子酒

杜松子酒是荷兰人十六世纪发明。

用大麦发酵，加杜松子（Juniper）经二次蒸馏，过滤入瓶，酒精含量 43%。

牌子如：Beefeater，Gordon's Gilbey's。

Rum 甘蔗酒

甘蔗酒是十七世纪古巴及牙买加土著所喝的酒。

用甘蔗糖加蔗渣发酵，蒸馏，入橡木桶，酿藏过程，入瓶出售。有白色，金色，深咖啡三种。颜色是在橡木桶酿藏过程中得来，时间越长，颜色越深。

牌子如：Bacardi，Myer's，Captain Morgon。

Vodka 伏特加酒

伏特加是俄罗斯东欧特产，用谷物或马铃薯糖化后蒸馏制成的高浓度酒。

牌子如：Smirnoff，Mskovskaya，Stolichnaya，Gilbey 's。

Tequila 龙舌兰酒

龙舌兰是墨西哥一种像巨型菠萝的仙人掌植物，此植物需种八至十年才能收割，将它切块蒸馏变糖分，发酵，连续蒸馏就酿成酒，酒精含量45%。

喝龙舌兰有一个特别喝法，酒少许盐在手背上，挤柠檬片之汁入口，再用舌头舐手背之盐，同时抑头，一口将酒倒进喉呢，才够刺激。

牌子如：Cuervo，Eltoro，Ole，Mariachi，Sauza。

Cocktail 鸡尾酒

鸡尾酒之定义：用不同品种之烈酒、葡萄酒搭配其他饮料或果汁混合而成之酒。

任何人都可以按照其爱好，自己搭配、自己命名，创造一个新品种鸡尾酒。所以年年月月不知增加多少品种鸡尾酒，听之不绝。

下列提供50个世界上公认老式Cocktail及Mixed Drinks：Alexander，Manhattan，Martini，Vodka Martini，Side Car，Pink Lady，Magarita，White Lady，April in Paris，Angel's Kiss，Rainbow，Apollo，Golden Dream，Heavy Water，Gimlet，Gibson，Bacardi，Daiquiri，Millionaire，Grass Hopper，Million Dollars，My Fairy Lady，Salty Dog，Orange Blossom，Snow Ball，Treasure Island，Good Hope，Flying Saucer，Troplical，Horse Neck，Frozen Daiquiri，Hawaii，Moscow Mule，Mai Tai，Black Russian，Bloody Mary，Bottom up，Screw Driver，Old Fashion，John Collins，Rob Roy，Gin Fizz，Pippermint Frappe，Pimm's No. 1，Whisky Sour，Zambie，Singapore Sling，Brandy Egg Nogg，Cuba Libre。

ZHONGGUO CANYIN
TIANSHU

第七章

筹建学问实务篇

十个总经理只有两个对筹建学问懂点经验，八个都因老板不让参与，只懂厨房及楼面管理。这是十分遗憾的，要当好总经理，就应明白怎管理租务、经营策略、土建及机电工程、装修工程、财务、库房、采购、人事、维修、保卫及保洁等工作。老板及设计师大多半懂行者，他们只知艺术美感，对经营管理不全懂，欠专业知识会多走很多弯路，多交巨额学费。其实，筹建与经营管理同一重要。总经理想争取老板信任必须修其身，切勿当班率低，吃喝玩乐多，沉迷赌博，处事公道，得到大部分员工拥戴才成。德才兼备，德为首选。

筹建学问的重要性

十个总经理只有两个对筹建学问懂点经验，八个都因老板不让参与，只懂厨房及楼面管理。在开业一两个月前才进场，所以要当过老板或执行董事才明白怎么管理租务、经营策略、土建及机电工程、装修工程、财务、库房、采购、人事、维修、保卫及保洁等工作。

老板及设计师大多半懂行者，他们只知艺术美感，对经营管理一条龙顺畅安排不全懂得，欠专业参与会多走很多弯路，多交巨额学费，其实筹建与经营管理同样重要。

想争取老板信任必须先修其身，切勿当班率低，吃喝玩乐多，沉迷赌博，要处事公道，得到大部分员工拥戴才成。德才兼备，德为首选。

四千平方米全新高档酒楼投资预算

1. 预付三个月租金 180 万及押金 1 个月 60 万,共 240 万。

2. 筹建期装修图纸设计费、交际费及员工薪金,膳食开支,共 100 万。

3. 装修面积约 2800 平方米,天花地面墙身及隔音每平方米工料价 1500 元,共 420 万。

4. 20 间贵宾厅房,1 个多功能厅,背景音乐平板大电视、功放影碟机、音箱、话筒做价每间 1.5 万,共 35 万。

5. 厨房不锈钢设备,炒炉、蒸柜、砧板台、打荷台、水台、四门雪柜、钢台柜、组装冷库、进风排风系统、大小零碎用具、切片机、绞肉机、搅拌机、热水撑、酒吧、洗碗间、海鲜池、刺身档、汤档、一个大烧腊工场及明档设备,西厨房各类设备,共 150 万。

6. 60 间员工宿舍土建,锅炉取暖洗澡,床褥,柜,椅,风扇,60 万。

7. 土建、煤气电上下水工程,消防烟感器,运食品升降梯,共 60 万。

8. 店外及店内妨大堂巨型 LED 灯,15 万。

9. 复印机、保险柜、文件柜、打印机、对讲机、电话、办公桌椅,4 万。

10. 全店电脑系统包括收银、点菜、财务及库房,20 万。

11. 六百张餐椅,每张 160 元,三百张木椅(包房用)每张 350 元,20 万。

12. 客货面包车及轿车共二部,30 万。

13. 餐桌大 80 张,中 30 张,小 40 张;会议台 50 张,茶几一批,35 万。

14. 水晶灯饰及装饰画一批,10 万。

15. 包间及大厅沙发 40 套,20 万。

16. 更衣柜 50 组,每组 800 元,毛巾箱 30 个,每个 700 元,6 万。

17. 工作服 300 人,口布、台布,台裙,小毛巾(特厚软),18 万。

18. 清洁吸尘打蜡机及维修工具,15 万。

19. 厨房及楼面瓷器、水晶水杯、银餐具,100 万。

20. 开业前后广告宣传费,50 万。

21. 灭蚊灯 20 个,每个 500 元,紧急照明灯 40 个,每个 300 元,2 万。

22. 托盘、下栏盘、筷子、刀叉、打卡机、楼面小用品,4 万。

23. 各部门印刷品及菜谱,15 万。

24. 不可预见费用,20 万。

25. 预备开业后流动资金,50 万。

总计:1500 万。

四千平方米酒楼投资回报分析

投资1500万,加上两年的4%银行利息约100万。共1600万÷2年半(30个月)=每月必须产生55万营业利润交老板作投资回收。

预计每月营业额为500万÷30天=每天约需17万生意才达标。

月500万营业收入来源分析

1.30个包间每天使用率45次,每次平均2500元每天共12万,每月约360万。

2. 自助餐午市及晚市500人,每人平均70元,每天3.5万。每月约100万。

3. 多功能厅每月使用10次,每次6万,每月约60万。3项收入共约500万。

以成本38%即产生190万用作食品饮品供应商款,毛利62%即310万。

310万用作支付下列五大费用:

1. 租金每平方米1天5元×4千平方米=每天2万;每天2万×30天=月租60万,占营业额12%最好包括空调及管理费。

2.230员工工资80万及保险10万,膳食住宿20万110万,占营业额22%。

3. 燃料(水、电、煤气)30万,占营业额6%。

4. 营业发票税5.66%25万,占营业额5%。

5. 营业杂费(楼面、厨房、后勤用品低值易耗品等)15万,占营业额3%。

每月总费用240万，占48%。

6. 剩余每月营业利润约70万，占营业额14%，上交董事局作老总成绩，30个月可收回投资。

各部门布局占地明细表

1. 120平方米包间2个，共占240平方米。

2. 80平方米包间10个，共占800平方米。

3. 50平方米包间8个，共占400平方米。

4. 30平方米包间10个，共占300平方米。

5. 500平方米多功能厅1个，共占500平方米。

6. 自助餐场1个，共占600平方米。

7. 厨房3个，共占600平方米。

上述7项共3400平方米。

加上后勤：办公、库房、更衣、配电、电脑、音控、酒吧、大堂、收银、新娘房、卫生间、通道、维修、杂物、员工食堂。共占600平方米。全店共需4千平方米面积。

筹建程序及知识 100 条

1. 做餐饮想成功关键因素:在筹建初期须有以下概念:让客人冲着店华丽有派的装修环境;交通地理位置方便;停车位多又隐蔽,这些硬件胜过好出品及服务。

2. 与地盘负责人谈租务时,要他出示两样文件:大业主给他的租务委托书,代表他有权谈租务及收取定金。否则他收钱后失踪了而大业主不认账来收楼就麻烦了;索要地盘负责人向政府申请立项的审批报告,证明这地盘手续合法,将来能经营什么及不能经营什么。

3. 业主代表出示合法文件后,实地观察过无大问题才可继续谈下去,有问题的需找方法化解。

4. 问清预付租金及押金、年限,两年后延增金额及施工免租期,物业管理费价格及服务内容。供冷气、供暖气时间要适合酒楼营业,最好是独立机组,10 点至 23 点为佳。要求冷暖空调比国家规定时间提早一个月供上,否则这一个月投诉很大,空调供应标准夏天 20 摄氏度,冬天 28 摄氏度;供水每天吨数 500 座位每天 80 吨,每月 2400 吨。供电量要求 500 座位预 300 千瓦,不计空调。煤气要配有 100 立方气表。能提供免费及收费停车位,要求一个包间两辆车的车位比。消防有否喷淋及烟感器。了解监控系统遍布位置、内外电话及上网宽带情况。了解客用升降机、货运升降机及扶手电梯情况。了解垃圾及泔水收集地、员工通道、送货收货位置。了解大厦有否其他地方用作宿舍、饭堂、淋浴。无条件者要在附近物色。将租约合同交律师审阅漏洞或灰色地带。

5. 餐饮店用地标准是三分之一用作后勤,包括厨房、大堂、洗手间、办公室、库房等,三分之二用作营业,切勿将大堂及公众地方设计太大,因每平方米要付租金的，必须能营业来盈利才好交租，大堂太大及豪华是浪费，客人停留一两分钟则矣，将包间弄大一点、豪华一点，客人停留超几个小时才实用。90年代烧鹅仔带动零点散座很大，容纳几百人，食物样本展示区亦几百平方米，流行了十几年已趋没落了，近十年很多三四个客人都要坐包间，不想碰到熟人，谈事方便，散座只留十张八张台让司机用餐则矣。

6. 老总按平面图凭其专业经验，设计出整体布局图，让老板及设计师拍板，设计师只负责楼面部分，厨房地方由厨具供应商之专业设计师负责，设计师只收取装修面积设计费。每平方米设计费从100元至200元，视乎出效果图数量及复杂难度。

7. 一般老板拼命争取营业地方，不重视厨房、办公室、厕所、贮物间、员工更衣室等，这是不对的。

8. 老板、老总、设计师三人为"装修效果要求"坐下研究大堂、客房、多功能厅、西餐厅、中餐厅、包间、海鲜池、酒吧等装修风格，东南西北墙、天花、地面用料等要求。甚至老板带领各人到多处实地观看其风格设计，有采用兴趣用相机拍下，达成共识后，由设计师出"效果图"。很多老板犯了先装修后购买设备的错。

9. 三人观看效果图拍板后，交设计师出"施工图"及"样本备样"。施工图细列施工细节、尺寸、用什么材料（工人拿图就可施工），找专家做成本核算再另找专家做成本核算审查，清楚价钱。召三家装修承建商招标，商家凭施工图及材料样本用作报价，决定选用哪家施工。要他做进度表知道什么时候完工，聘监理公司或经验人士做施工监理工作。问明设计师或装修商谁负责消防卫生等部门验收工作。

10. 大门口布局可否分散座及包间两个入口，让两种客互不见面免尴尬。考虑保温二重门，否则大堂冷，有旋转门亦要二重门。包间尽量安排有窗口，在窗口再加排风扇，排走酒味饭菜味。

11. 店门口地势高低，暴雨时洪水入浸怎预防。必须有员工厕所、食堂,否则客人员工争厕所,不雅观,客亦不高兴,员工多亦用不上。为防止客人喝多造成事故,大堂、楼面不准有台阶。留残疾人通道。缺天窗者安假窗或山水画、鱼缸等,消除幽闭恐黑症。通知土建队如发现防水工程某处未做好,每处罚1万元,因翻工损失太大,验收时周围养水三天。

12. 三星级装修包括天、地、墙、简单家具及电工程连工包料在人民币1500~2000元每平方米。施工程序:土建拆墙,砌墙。做墙双面隔音棉上到顶,来水、下水、电、暖气管道,消防管道,空调管道,音响走线,内外电话线。木工:弹线、上木廊、天花、墙身、线条、封顶、上色、修补、铺地毯,安灯饰并安装音响灯光。木工装修包括天、地、墙。餐台、各类大小台面、各类小家具(收银鸽箱、装钱格箱、传菜单夹箱)、间隔、各类门带闭门器、音响室柜、台、化妆室布置、鱼池、防水、设备安装。

13. 每个厅房内装修用不同主题,客人来多次都有新鲜感,主题如下:

福禄寿、各种运动、蓝天白云、金属为主、中英美法苏、历史名人、龙凤、海底世界、世界名胜、五岳长江黄河、男女明星照、香港明星歌星、各种动物、宇宙、太阳系、木材、唐宋元明清人物、好莱坞明星照、汽车品种、皇宫、法国宫殿、新潮艺术、古色古香、黑沉冷色调、小桥流水树林、美国白宫式、自然生态、英国堡垒……包间内有备餐工作台,放碗筷、水杯、杂物等。

14. 筹建初期要求天花有3米或以上高度,否则有压抑感,各种管道先想办法调两边,调改不了,就做二级天花(高低级),让部分天花有高度,包间大多灯光不够亮,在四周做一圈灯槽光管,令不产生黑影。将出品部集中一处,好做上下水工程。楼面部考虑客人进出、上落方便。大门口要气派,招牌要能吸引人,附近街头要做指示牌。大堂气派,收银位能看全大厅。令酒吧金碧辉煌、醒目,尽量利用地方多摆餐位。

15. 要留意传菜部空间不能少于40~50平方米,内部设施很多,要隔音,噪音不外传,弹弓门,注意排风,空调能引进两个出风口更佳。最好能拐一个弯,避免厨房抽风将餐厅空调直抽走。研究大餐厅保暖及保冷气的环境，敞开的出口超两个就令让气跑掉。

16. 安排装修工人，筹建食堂、厕所、放材料的地方，考虑该地方以不影响开业，能拖至最后才拆除。向老板谈妥筹建期工资发放时间、什么手续、膳食费用、买简单灶具、谁煮饭、日常支出向谁要钱，订货权限人选等。总经理到任要求工程部马上印出各楼层平面图并即贴在墙上，好谈施工工作。先定少量更衣柜。给筹建人员用，日后亦用得着。所有钥匙由保卫部发及签收。更衣柜大多一把钥匙能开很多柜，最好改成挂锁。

17. 加大宣传。将霓虹灯及外墙招牌、广告、装修先做好，多几个月宣传，人们天天走过会问什么时间开幕，再进行内部装修。

18. 办公室设备：复印机、传真机，电脑、彩色打印机、电话、办公桌、铁文件柜、计数机、更衣柜。要质量好，用十年八年的。若迟早都要买，早买让筹建人员方便。

19. 要求施工队用橡皮线、防爆灯、灭火筒数量、龙喉位置、每天专人洒水清垃圾，垃圾用车运走，费用自付，一天一次，拌水泥用完要清洗地面，否则拍照留底扣除500元清除费。施工队拿用甲方器皿施工，要赔偿。工人工地留宿不能超2人。

20. 装修合同要注明竣工验收前，装修老板要自聘清洁卫生专业队伍，将高低角落，收拾干净现场才能验收，这笔费用是上万元的。筹建主任必须强调土建方及装修方不要将施工垃圾废土倒进下水道，堵塞之后痛苦是后患无穷。

21. 施工队材料到货，火车站搬运，至地盘，上楼层费及人力由施工队负责，施工队可以要求店方代安排，费用扣除。空调、厨房、音响之泥水打孔收口费用谁打谁付。

22. 施工期间用水用电付费情况。任何施工队，对工作上使用施工地方、水、电分配或其他种种要求，都要服从筹建处主任、监理命令，否则店方下令停工后果自负。任何合同谈清楚税项、合格发票、代扣施工方工程税、最好谈好防止不发工资给其工人,以免给店方带麻烦。

23. 隐秘工程:在封天花顶墙壁之前要做好以下工作:冷风及排风管道;电工程走线;音响设备走线;暖气管道;上下水管道;电话及电脑微机走线;消防探测器走线。

24. 凡轻钢龙骨墙板需挂电视机、音响、画框及吊柜重物,必须在龙骨未封板前预放木板做妥能承重。否则封板贴完墙纸不好拆,特别是厕所、酒吧、厅房、多功能厅,龙骨厚硬度要看样本。

25. 下水管一定要有S弯头,防止臭气返冒。电梯内必须有抽风机及空调。在总水管口安装过滤器,天天清理,让大厦水质变好,设备不结水碱。厅房走廊必须有空调出风口及排风口。必须有长明灯,灭火器入墙玻璃柜。电器开关不能用次货,供暖气或冷气要有控制强中小力度开关装置,否则太热或太冷。

26. 找消防工程施工方报价,定出探头数量及分布位置,排烟工程跟进,空调机内装置火警自动落闸装置情形。商量布局能否通过消防条例,什么地方需防火铁门,消防喉在什么位置,灭火器所需数量。

27. 用名字作房号因没有顺序是不好的,超于10个房最好用号码,凭号码让新员工或顾客自已能按顺序找到房位置。118、128、138、148、168、178、188、218、228、238、248、268、288、289、111、222、333、555、666、777、888、999、3388、6688、18、28、38、68、88、99、1122、1133、1144、1155、1166、1177、1188、1199、2211、2233、2244、2255、2266、2277、2288、2299。贴号码牌必须在1.7米位置,平常人眼视线内,不用抬头。

28. 10人标准房面积应在64平方,包括沙发区、饭桌、备餐间、洗手间、衣柜。留意地砖之三角对花对得合理否。地脚线用石材为佳,防潮目的。舞池顶加吸音棉。厅房龙骨墙内放吸音棉隔音到顶。每幅墙双面都要吸音棉,验收时要严格。

29. 凡厅房一定设计衣物柜及家私柜,杂物柜(转盘等)隐蔽在墙内,四角上预留挂音箱装置(打好爆炸螺丝备挂重)。叫木工做员工放膳食餐具木架。做多人拍照三排人的站人层架。

30. 每个楼层都要安装上下水龙喉给服务员清洗水杯餐具用。说明哪些门要配备闭门器。螺丝钻门上加薄木板令更牢固。

31. 楼面瓷器:8寸垫底金边碟,7寸骨碟、3寸半小碗、4寸白饭碗、瓷调羹筷子架、牙签筒、茶杯、茶碟、胡椒盅、豉油碟、烟缸、日字格碟、3寸酱料碟、玻璃生果碟、洗手盅、茶壶、花瓶。川粤西餐厨房瓷器以三十个品种为限,多则自乱。楼面设备用具:镀金餐具、台布、餐巾、更衣柜(每格1200毫米高、300毫米宽、550毫米深)、餐台、大小台面、可叠起餐椅、木椅、台裙、工作服、各类水杯、毛巾柜、灭蚊灯、紧急照明灯、托盘、下档盘、筷子、刀叉、菜谱、吸尘机、洗衣机、电饭煲、烟灰桶、冰粒机、工业用榨汁机、工业用搅拌机、微波炉、计算机、外卖盒袋、手提袋、转盘、印刷品、小童椅、茶几、文具、饮料冰柜、灭火器、大宴会专用衣服架车、雀灯、台板麻雀筹码、茶几、地图式定厅薄(厚皮),整套对讲机、婚宴气球拱门铁架、打气机、楼梯红地毯,临时舞台木箱座。购30份镇店餐具、水晶杯、高级瓷器、金器、高级台布。

32. 厅房内传菜间理想面积为50平方米,避免门撞门,工作更方便。

33. 洗手间要求:设计1米高墙身有凹位放植物。地面忌用黑色反光石材,反射厕内活动。设计清洁用品在1.5米高隐蔽柜内,不外露,有洗地拖池。

厕内宽度1米,深度1.6米,带洗手池则1.8米,带2个挂钩,一个厕纸挂架,女厕加废纸筒,门内安拉手柄。门往里开,有空调进风管道,但独立排臭管道要伸出窗外。小便斗中间有隔板,免互相观看尴尬,防水工程严跟办,污水漏斗要倾斜,水平尺去验收。男洗手间不能开门便看见小便池,以免尴尬。

34. 外国人老讽刺中国之厕所可用鼻子找到,政府陆续拆建高档公共厕所。自1995年后,国内酒楼已明白到洗手间设计代表店之档次,今做到跟五星级酒店一样，专人侍候、按摩服务，不单无臭味、气味芬芳、排风特好、镀金龙喉，洗下身洁具，有沙发、化妆品、吹发风筒、鲜花及植物等，令客人感觉不是处身洗手间。洗手间要独立排风。否则臭气进主管道、整个店，厅房排风管道亦此安排。

35. 酒吧切忌与收银柜在一起，因收银柜必须独立，不容外人穿插其工作间，以免钱及单据有失，责任说不清。应将收银台设在楼面明显位置，让收银员监管楼面人员开错单或客人走单，更重要让客人看到收银刷卡，看着不要多刷或偷卡资料。

36. 酒吧设备要求：酒吧柜台面用云石材料，两人一小星盘、砧板台连雪柜、灭蝇灯 2 部、应急灯 2 部、榨汁机 2 部，洋酒、白酒柜带锁，酒吧空调管道能到其顶，设计有能力排风管道，将各设备发出之特大热气抽走。酒展示柜后板用铁丝网做，好散热通风。留三个凹位为饮料冰柜，后背用铁网做散气作用。

37. 配电留意事项：要求配电一定要将设备需要的用电由配电房送到设备旁边指定位置，如空调、厨房设备、霓虹灯、室外设备等。要求照明灯纵横距离 1.5 米否则光度不够。配电房须能接驳发电机停电紧急用。三线城市备 200 千瓦发电机。

38. 贵宾房需电源：门口照明、空调开关、台灯、电视、卡拉 OK 机、客人插座、应急灯、灭蝇灯、热毛巾柜。

39. 大餐厅电源：热水制 380 电位、灭灯、热毛巾柜、吸尘器插座、喇叭线、聚光灯光管、筒灯、电制开关要进口货(国产半个月会变红不够亮)。酒吧电源：冰粒机、展示雪柜 3 部、冷柜、洗杯机、灭蚊灯、榨汁机 3 部。

40. 楼层照明灯泡，昂贵音响设备，都要安装稳压器，否则灯泡及音响损坏损失更大。

41. 要求电工程人员代贵宾厅房内的卡拉 OK 放好音频、视频线等。大餐厅放好喇叭线，最后进场安装弱电设备。

42. 厨房设计标准：炒炉座 1.2 米，站位 70～80 个，打荷台 0.9～1 米，打荷中线通道 1.5 米，码台 0.9～1 米，砧板台 0.9～1 米，站位 1 米，冰柜本身厚度 80 厘米。厨房做隔断应采用一米以上用不锈钢玻璃，高度至 1.9 米就可以，通风及透明，厨师长一眼看透各档口操作。

43. 厨房最重要是：

(1)抽油烟、送鲜风，抽油烟须靠房顶之轴流风机够力量，噪音能通过环保要求 60 分贝及减震架，喷出之油烟不冲民居，必要时做个小屋减噪音。有抽力无送风会产生负压抽真空，必须有送鲜风，形成空气循环，抽力才会强大，否则厨房会将餐厅之空调往厨房抽，令餐厅空调失平衡，验收抽油烟力量不听数字计算，用简单土方式：抽油烟网格能吸住一块薄纸皮或铝盖。

(2)双头炒炉内笼尺寸为 1.2 米，宽 2.2 米，面板 1.2 米厚，背板 1 米厚，靠墙用不锈钢板，不要两个月就松脱之瓷砖，炒炉后热水盆要加深 18～20 厘米容水量。烟罩高度要预计厨师戴帽高度。大炉接驳口盖上 30 厘米不锈钢板。

44. 要求煤气管别按北京做法横过炉头的 1.5 米高，必须在灶台前，底下走，横过好维修。因北京灶明火小、炒烹小，不像粤菜用大锅明火很大。煤气用 100 立方米之煤气表。只有 20、40、100 立方米三种表。放煤气房要防爆顶。联络煤气公司查询炉灶安装问题 20、40 表够用否，保障条件怎样。煤气与空调在设计及安装中要从左右走，避免末端不够力量。

45. 厨房大型设备：运水烟罩、送风排风系统、组装冷库、炒锅炉系列、三门雪柜、九头煲仔炉、平头炉、矮仔炉、四门冰柜、打荷台、放码台、砧板、节冰柜、层架、挂架、龙头星盘、焗炉、洗碗机、热计箱、压面机、打面机、绞肉机、直推式切片机、豆浆脱水机。

46. 厨房必备设计：洗碗房钢台、运输钢车、大中小钢食物盒、各款料头塑胶盒、大中小日子型胶茜、大中小圆型胶茜、铝饭盘、铝托盘、钢桶(35～45 厘米)、炒锅、油盆、料酒壶、罩离、水壶、大中小钢斗，马兜、鸡钩、砧板、九江刀、片刀、骨刀、文武刀、桑刀、油鸡刀、砧板刨机、磨刀石、铁板、锅仔、秤磅、收货秤车。

47. 厨房瓷器：长鱼盘8、10、12、16、18寸，平圆盘7、8、10、12、14寸，平深盘16、18寸，汤窝8、10、12寸，炖盅、鲍鱼窝8、10寸，佛跳墙窝、日本不规则碟。八角碟、扇形碟、寿司盘、耐高温沙锅8、10寸；鲍翅碟、鲍鱼碟。

48. 冷库内要有下水口，库内或外装龙喉方便清洗，内地面有坡度好去水，照明须光亮，否则工作不顺。

49. 定出厨具布置图，标出上、下水电位置，让土建跟图做，厨房不得有木制品，免招蟑螂或发霉。

50. 光亮洁白，做地面强调坡度很重要，会用平水尺验收，不合格重做，令瓦工上心工作。

51. 30个厅房者起厨房需要有三个蒸柜，海鲜多，炖品多。厨房工程留意事项要求厨房来水管口径能承受4公斤压力。蒸柜内出蒸气管不要圆，要方管满铺小孔，不锈钢荷叶，广州风机。

52. 鱼池工程能提供何设备，合同细节。鱼池怎上锁或设门，散热至外管道。鱼池做独立强力排风扇，因热冷及泵发出大量热气。头尾都做，过滤设备由5万至80万。

53. 冷库顶上装压缩机，考虑夏天散热问题，安装强大排风扇，留心跳闸保护。烧腊明档要做4个星盘台、更衣间、窗门、配合特级。

54. 厨房打破过多瓷器要全体摊罚的，每月初库房派盘点瓷器，过千分之二破损便罚大家。

55. 厨房设计做二重拐弯入口。防厨房炒锅、蒸柜、矮仔炉嗓音到厅房，防厨房抽气将餐厅的冷空气抽进厨房排走，导致餐厅不凉快的现象。

56. 厨房及厕所设墩布池，烧腊有二进间、洗手池。包点间、寿司间、凉菜间要装空调，否则食物变质。自助餐装修要叫设计师不要全钉死固定，留有活动性，三个月就调动变阵。让客人有新鲜感，以为常装修。

57. 定出厨房施工完工期必须早于开业前30天作试菜磨合用。炒炉后之墙不宜用白瓷砖贴墙，经一两个月高温煎熬会脱落的，应用不锈钢板1.2厘米厚全铺上至蒸柜、让下班前方便清洗油烟。

58. 室外自来水管做好保温层否。楼面及厨房凡有下水地方，防水用的材料要高出地面。

59. 挑选空调施工队，计算空调用量，用多少匹，风冷或水冷，柜机或走天花板管道，走管路线，回风管道，管道尺寸，独立室内排烟扇。空调管道要扁宽、勿高，靠边避开包间，做二级天花板，天花板间有3米以上。

60. 空调用量计算方法分：冷吨、大卡、匹三种。

计算酒楼跟写字楼差距很大，酒楼人多，每人身体发出热量、抽烟、食物、火锅热力也不少，天花板高3.5米以下之大餐厅，因为无隔断可以减少20%～30%，如贵宾厅间隔多，管道拐来拐去，冷量损失多，不能减少。如果是地下层可减少20%～30%，因地下阴凉。南方与北方差距亦大。老板尽可能将空调送至传菜部及出品部，虽然多花一点费用，但对员工及食物是莫大体恤，工作起来畅顺。

61. 大致换算：3000大卡=1个冷吨，1个冷吨=1.5匹，1匹=2000大卡，1000平方米用100匹=20万大卡=67冷吨，哈尔滨用80匹，北京用100匹，广州用110～120匹，经营火锅餐厅加大一点，110～120匹。

62. 空调如太接近居民楼可用风冷机，用水塔考虑天花板负荷力，防震，做足防水工程，弯度太多、太远，风道不好走，可用天花分体空调。做管道要查清楚空调说明书要求，出风回风之口径尺寸，防火自动阀门留意贴锡纸，防止接口漏风，用玻璃棉包装保温。

63. 调理阀门位置，尽量少拐弯，拐一次能量减少20%，主机出风口要有防火闸安置。

64. 有每个厅房独立排风扇要求风机是强力及低噪音。

65. 主机需盖保温房，留意北京零下二十摄氏度，会结冰涨裂喉管，外墙风口用细纱布包裹,免苍蝇蚊子从此飞进贵宾厅。主机房记得做下水道。

66. 用电量最大为空调、霓虹灯,一般如照明电及设备用电量不大。100冷吨空调耗电量接近80千瓦。一般250个餐位酒楼耗电量约100~150左右。五千平五层楼用电约500千瓦。目前,北京1千瓦增容约需五千元。最好能双路供电。电掣房要配备及电车接驳口。自置发电机,怕北京环保法例过不了。

67. 酒楼用电功率估算:

楼面及地下层空调,功率约117千瓦;

厨房及砧板台冰柜,功率约6千瓦;

炒炉风机4台,功率1千瓦;

厨房、洗碗间2台鲜风机,功率1.5千瓦;

一层及地下层送鲜风及抽风机,功率4千瓦;

10个房间音响设施,功率3千瓦;

厨房照明用电,功率1.5千瓦;

单间10间,每间300瓦,功率3千瓦;

餐厅照明用电360平方米,2平方米一个灯,共120盏灯,功率4.8千瓦;

余下空调照明,约250平方米,共83盏灯,功率3.3千瓦;

广告招牌灯,功率5千瓦;

酒吧冰柜、制冰机、扎啤机、饮料柜,功率共4千瓦;

一层及地下层热水器2台,功率12千瓦;

凉菜明档冰柜1台,微波炉1台,功率2千瓦;

海鲜池制冷机2台及循环水泵1个,功率5.5千瓦;

其他照明,功率1.5千瓦;

共118.1千瓦。

68. 一万平方米的店煤气每月约六万,电费约20万元每月,水7万元每年。污水须经环保池才入主渠。

69. 审查每个房送空调位、排风位、排烟酒废气机位。要求每房东南西北必须有电源位，将各管道靠边或体积弄至扁宽，做二级天花板，务求楼底高度有三米才有派。尽量做窗户，令有新鲜空气，备餐间有上下水洗餐具。

70. 合同里应包含夏天、冬天调较安装要求能来三次。写明主机、水塔、回风及其他配件、开关等是哪个国家生产，有否混有国产货。主机开关掣箱要进口货。

71. 向供电局申请增容 90 千瓦，增容需付三笔费用：

(1)供电贴费。

(2)电费。

(3)工程费：包括：配电盘 100KVA 变压器、线中、电焊、施工等。费用视乎现场施工难度而定。约十几万。

72. 耗水量：250 个座位 130 名员工级别的餐厅设有洗澡间，则每月耗水约 1200 吨就足够。1 年 5 万吨，每天 40 吨。

73. 找品牌形象设计(VI)：店徽 logo，信封信纸，带走打包盒袋，各部门工服款色设计，LED 灯内容。

74. 定卡拉 OK 设备、牌子、型号、数量、预先安排音乐走线。近数年，婚宴发展到表演水平，大厅需考虑编幻彩灯光、射灯、同步暗灯、表演舞台、舞池、多个话筒、卡拉 OK 设备、豪华花车。包间隔音材料要做足，间隔上到顶，否则唱不了歌。

75. 近五年包间客人进房只告诉你每人标准及一两个喜爱菜式其余代配。很少到外面展示厅点菜。

76. 设计仓库位置，实铁架、焊铁架宽 1600 毫米 × 高 1800 毫米 × 深 600 毫米 ×4 格(每格 400 毫米高)，先放材料，后放瓷器、副食品、酒、饮料。

77. 印刷楼面、营业部、厨房、酒吧、收款、财务、仓库所用单据。

78. 挑选供应商：香烟、洋酒、白酒、副食品、蔬菜、调料。

79. 购置灭火器 40 个。

80. 将附近写字楼大厦公司客源集中。分区分组负责攻入大厦派宣传单。

81. 1 席 10 人占空间是 16 平方米，餐桌高度 75 ~ 78 厘米之间（29 寸半至 31 寸）。

4 ~ 6 人圆桌：直径 1100 毫米或 1200 毫米，桌面厚度 25 毫米。

8 人圆桌：直径 1400 毫米，桌面厚度 25 毫米。

10 人圆桌：直径 1700 毫米或 1800 毫米，桌面厚度 30 毫米。

12 人圆桌：直径 2000 毫米或 2200 毫米，桌面厚度 30 毫米。

14 ~ 16 人圆桌：直径 2400 毫米或 2600 毫米，桌面厚度 30 毫米。

4 ~ 6 人桌桌布直径 1500 毫米，用 1.4 米桌裙、圆周长 4.4 米。

8 人桌布直径 1800 毫米，用 1.8 米桌裙、圆周长 5.7 米。

10 人桌布直径 2200 毫米，用 2 米桌裙、圆周长 6.3 米。

14 ~ 16 人桌布直径 2600 毫米或 2800 毫米，用 2.2 米桌裙、圆周长 7 米。

注：桌裙因有褶，用布要多 1/3。

82. 玻璃转盘尺寸：按桌面直径多长，减去两边餐位碟及水杯占地每边 350 毫米或 400 毫米（大水杯）共约 700 毫米或 800 毫米。例如：直径 1800 毫米台面减去 800 毫米即用 1 米转盘，若减去 700 毫米，即用 1100 毫米转盘。

83. 厅房天花高度 3 米，大餐厅天花高度要求 3.5 米 ~ 4 米，过高会耗用太多暖气或冷气。电视高度 1.5 米能看录像，有 50 个台机顶盒能收看电视节目。

84. 定出员工各类工作服款式、颜色、布料、价钱每人 2 套，厨房 4 套。

85. 定出人事结构图，列出人员编制、工资总额。招聘人手及定出培训计划。谁跟办政府消防卫生、执照手续。

86. 定出办公室助理一名，负责人事进出、宿舍及膳食分配、护照保管、上下班打卡检查、工资计算、重要文件档案收存，日常文件电脑打字。定出装修进度表。

备手电筒、工具箱、简单工具一套、拉尺、灭火筒三五个放办公室。

87. 列出开幕宣传计划，寻找报纸、电台、电视台，确定典礼过程。送花篮，请客名单。找好公关人士，漂亮够高领位。开业后将客人分给公关，每人十个，好去跟进。

88. 每天人员签到表及写名胸牌，强调要挂上。让筹建组人员认识电路开关并在上面贴上标纸。楼面经理必须每天有填写工作日志习惯，将人事放假告假情况等写上。

89. 电脑房选出工程人员做网站、财务、收银、入厨及库房系统。明了线路维修。测试手机接收频率情况。电脑出单必须有记录可查。

90. 安装闭路电视在重点角落，老板可 24 小时通过手机看到店内情况。大型广告牌要考虑以后方便更换设施。

91. 十个洗手间九个有臭味的，工程主管一定要亲自跟好此缺点，留意 S 沟安装细节，留意下水及排风情况，地面防水做至 50 厘米高，安装及封底要跟好，常见漏水问题。

92. 凡外地来货要财务、管仓、经理三人点收件数入仓，按合同、装箱单核对，做入库单，24 小时完成点细数，否则日后供应商不承认。

93. 厨房瓷器要有相片，内有专业或厂家叫法、规格，方便日后盘点及补充。

采购时提醒要发票，买瓷器拿回样本，问清是一级品或二三级品，不可变形。

94. 房间门之避震材料一定要跟好，经常可能出现关门时发出巨响，令整层楼各房门震动。此问题事先要说好怎么解决，施工时要跟好。房间之隔音要两面都铺上隔音材料才成，单面铺后果很差，还要上到天花板，将风管等缝塞好不透音。

95. 向电话局申请两个好记顺念电话号码作订餐及传真用，以便印刷宣传。

96. 制定出财务人员跟办公税务、印章、开户、印信用卡机、发票机、培训收银员、电脑打单方式等财务制度。培训服务员电脑点菜细节。

97. 维修部员工要盯着各种设备安装工人，假装维修设备，从中拿走重要部件如电脑板，做手脚来威胁要钱。如发生此类事，维修部负责。

98. 洗碗间设计一定要够大有碗柜配合特级餐厅。起码 50 ~ 80 平方米。定出库房人员、位置，做货架，存放装修贵重材料。

99. 各类资产让登记员做标号，拍照注明名称，特别是厨具瓷器。

100. 备好员工宿舍，每房 4 ~ 6 人，经理房 2 人，有热水洗澡，有上网线，洗手间，晾衣间，雇两名保洁员收拾房间。

国家对石材放射性的适用标准

序号	石材品种	含镭	含钍	适用于
1	珍珠花	27	82	室内装修或任何用途
2	万山红	28	27	室内装修或任何用途
3	孔雀绿	27	48	室内装修或任何用途
4	罗源红	80	96	室内装修或任何用途
5	将军红	11	40	室内装修或任何用途
6	泰山红	90	83	室内装修或任何用途
7	菊花黄	12	29	室内装修或任何用途
8	济南青	5	4	室内装修或任何用途
9	南非红	50	142	不可室内,只作室外
10	三宝红	71	128	不可室内,只作室外
11	石岛红	85	182	不可室内,只作室外
12	枫叶红	107	108	不可室内,只作室外
13	鲁锦花	119	157	不可室内,只作室外
14	樱花红	104	104	不可室内,只作室外
15	五一红	247	247	不可室内,只作室外
16	罗源红	80	96	不可室内,只作室外
17	印度红	218	280	只可建筑外墙
18	桂林红	241	246	只可建筑外墙
19	杜鹃红	470	910	只可用作石碑,桥墩,海堤

楼面部用品清单

序号	品名	序号	品名	序号	品名	序号	品名
1	展示碟	2	展示碟垫	3	骨碟	4	席面更
5	瓷碗	6	小瓷勺	7	汤碗	8	汤碗底碟
9	豉油壶	10	醋壶	11	盐盅	12	胡椒盅
13	格碟	14	3 寸圆味碟	15	洗手盅	16	洗手盅垫碟
17	茶壶	18	茶杯	19	茶杯底碟	20	小分汤勺
21	中分汤勺	22	茶壶底挚	23	位上茶杯	24	米饭碗
25	小花瓶	26	牙签盒	27	双头筷架	28	双色筷子
29	大公壳	30	不锈钢分更	31	木瓜更	32	水晶烟盅
33	烟盅	34	烟盅底碟	35	毛巾篮	36	毛巾夹
37	披肩	38	小衣架	39	汤勺	40	漏勺
41	木夹	42	一次性手套	43	一次性筷子	44	酒精
45	漂浮蜡烛	46	小冰桶	47	毛巾碟	48	桌面垃圾夹
49	白手套	50	抽纸盒	51	果叉	52	台布
53	口布	54	台裙	55	吧围	56	擦杯布
57	彩色抹布	58	小毛巾	59	方台布	60	会议桌布
61	口布圈	62	鲍鱼刀叉	63	分鱼刀叉	64	蟹针
65	蟹钳	66	蟹剪	67	香槟桶	68	香槟桶架
69	多功能杯	70	红酒杯	71	白酒杯	72	婴儿椅
73	毛巾柜	74	大小垃圾桶	75	电磁炉	76	卡式炉
77	卡式气	78	电饭煲	79	圆托盘	80	长方托盘
81	胶制长菜盖	82	胶制圆菜盖	83	保温热水壶	84	光烧热水壶

续表：

序号	品名	序号	品名	序号	品名	序号	品名
85	纸巾	86	不锈钢台号牌	87	热水壶	88	不锈钢茶壶
89	散座台号牌	90	雪茄烟盅	91	剪刀、打火机	92	屏风
93	消毒柜	94	厅房电磁炉	95	微波炉	96	红酒开瓶器
97	自助餐纸挚	98	带盖会议杯	99	直身杯	100	花雕壶
101	花雕杯	102	白兰地杯	103	香槟杯	104	多功能杯
105	威士忌杯	106	红白酒杯	107	茅台杯	108	分酒器
109	盛酒器	110	A4 五联入厨单	111	多用单	112	纸包牙签
113	干包纸巾	114	湿纸巾	115	散纸巾	116	会议杯垫
117	大姓名桌牌	118	小姓名桌牌	119	A4 大信纸	120	小信纸
121	铅笔	122	圆珠笔	123	削笔刀	124	饮水机
125	温度计	126	西餐烛台	127	内线电话	128	对讲机
129	1P 菜潜	130	结账皮夹	131	演讲台	132	豪包餐椅
133	可叠起餐椅	134	传菜火子箱	135	大热水撑	136	三层传菜车
137	拉转盘车	138	2 轮托椅车	139	拉会议桌车	140	客房送餐车
141	残疾人伞	142	放骨碟车	143	放布草年	144	煎牛扒车
145	自助餐炉	146	黑金属汤炉	147	1 轮行李车	148	2 轮行李车
149	指路广告牌	150	雨伞锁架	151	90 厘米小方桌	152	1 米圆桌
153	1.2 米会议桌	154	1.8 米会议桌	155	1.6 米圆桌	156	90 厘米转盘
157	1.8 米酬桌	158	1.1 米转盘	159	2 米圆桌	160	1.2 米转盘
161	2.6 米圆桌	162	1.8 米转盘	163	3.2 米圆桌	164	2.2 米转盘
165	3.8 米圆桌	166	2.8 米木电转盘	167	1.6 米圆桌	168	3 米电动木转盘
169	组合舞台板	170	三级楼梯架	171	擦皮鞋机	172	客房用之火警包
173	酒精自助餐炉	174	黑色暖汤炉	175	镜面盘	176	方形镜面箱
177	长形镜面箱	178	盛果仁盆	179	水果篮	180	不锈钢咖啡壶

续表:

序号	品名	序号	品名	序号	品名	序号	品名
181	保温壶	182	红酒桶架	183	食物名称牌	184	镀银大虫台双头
185	红酒架	186	红酒冰桶连座	187	柠檬夹	188	胡椒磨
189	刀叉三格盘	190	暖碟车	191	吹糖器	192	巧克力喷泉
193	钢炸离	194	钢疏壳	195	钢锅盖	196	钢油盆
197	钢水壳	198	钢锅铲	199	各类保鲜盒	200	各类胶箸萁
201	各类有耳带盖钢桶	202	钢食物箱	203	各类铝托盘	204	钢汤桶
205	各类玻璃生果碟	206	各类厨刀叉剪	207	座台型罐头刀	208	各类不黏锅
209	各类码兜	210	各类压力锅				

序号 6:《从侍应到主管》

内容简介:

从侍应到主管是人生的成长期和发展期。本书讲述了在这两个时期面对的问题、应掌握的技能、如何积累、成功晋升等,无论您是刚刚入行,还是在现在的岗位上已经小有起色,读后都会令您有惊喜的收获。

开本:16 开　　定价:29.80 元

序号 7:《餐厅礼仪》

内容简介:

服务员应如何接人待物、如何笑迎宾客,《餐厅礼仪》一书全面教您如何成为一位出色的服务员。

开本:16 开　　定价:29.80 元

序号 8:《第一次当厨师》

内容简介:

新厨师从烹饪学校毕业到社会,差异万千,怎样提高厨师的经营理念,如何提升厨师的烹饪技艺,本书较全面地从实战的角度展开论述。

开本:16 开　　定价:29.80 元

序号 9:《刀工》

内容简介:

精美的刀工是厨师十八般武艺中上乘的"武功",细细研读此书,您便能获得"闯荡江湖"的本领。

开本:16 开　　定价:29.80 元

序号 10:《顾客应对技巧》

内容简介:

各级主管、服务员在日常工作中应如何接待顾客、处理好与顾客的关系,本书详尽教您如何做一位好主管、一位好服务员。

开本:16 开　　定价:29.80 元

序号 13:《开一家赚钱的茶餐厅》

内容简介:

本书从选址、开业、管理等八个方面告诉读者如何开一家赚钱的茶餐厅,随着茶餐厅在内地的崛起,相信本书对有志开店创业的人会有所帮助。

开本:16 开　　定价:29.80 元

序号 14:《创品牌为餐馆赚钱》

内容简介:

品牌是餐饮业发展的必由之路。本书从品牌魅力、食品、环境、服务等各方面揭示了品牌在餐馆赚钱之路上的重要意义,文笔质朴,语言流畅,值得一看。

开本:16 开　　定价:29.80 元

序号 15:《餐饮业留客实例分析》

内容简介:

本书介绍餐饮企业如何培养自己的经营意识,如何运用别具一格的创新特色,以一流的管理和服务,吸引并留住客人。

开本:16 开　　定价:32.00 元

序号 17:《火候》

内容简介:

俗话说“南火北刀”,南派厨师讲究火候,即锅气。火候的掌握是厨师的基本功,本书介绍了各种烹饪技法、各大菜系的烹制火候,是培训和自学的必要参考。

开本:16 开　　定价:29.80 元

序号 19:《餐馆楼面管理》

内容简介:

本书涉及餐馆楼面管理,广度与深度相结合,横向与纵向相联系,力图让读者轻松而高效地抓住做好楼面主管的真谛。

开本:16 开　　定价:29. 80 元

序号 22:《开一家赚钱的西餐厅》

内容简介:

本书介绍了经营风格独特、环境幽雅、价格公道的西餐厅成功之道。

开本:16 开　　定价:29. 80 元

序号 24:《餐馆服务实用英语》

内容简介:

本书是一部让餐饮服务人员轻松与外宾交谈、自如应付外宾用餐需要的英语学习用书。书中精选接待外宾用餐中常用的句式和词汇,简单易学、实用性强。

开本:16 开　　定价:20. 00 元

序号 26:《餐馆经营得失谈》

内容简介:

本书以大量餐馆经营成功与失败的实例,启迪读者如何避免失败。具有较强的实用性和可操作性。

开本:16 开　　定价:29. 80 元

序号 27:《餐饮业员工心理行为分析》

内容简介:

本书可以帮助餐饮业管理者了解员工的心理,挖掘他们的潜能;同时也可以帮助员工认识自己、分析自己、找到适合自己的位置。

开本:16 开　　定价:36. 00 元

序号 28:《餐饮市场消费心理分析》

内容简介:

本书结合现代餐饮市场消费心理特点,对国内餐饮市场消费状况、顾客消费心理与行为规律进行分析,并提出相应经营策略和处理方法,兼具理论性和实用性。

开本:16 开　　定价:29. 80 元

序号 30:《餐馆经营管理实战与培训》

内容简介:

开餐馆应如何经营和管理?本书由拥有 20 年餐馆经营实践经验的专业人士编写,作者不但经验丰富,而且对实践与培训有独到的见解和过人之处。

开本:16 开　　定价:29. 80 元

序号 31:《餐馆持续发展百问百答》

内容简介:

餐馆是许多人认为赚钱的行业,也是许多人跃跃欲试的门槛。但是,有人做得红红火火,餐馆持续发展;有人却经营惨淡,最后关门停业。为什么?《餐馆持续发展百问百答》将逐一为您解答这些问题,想开餐馆的朋友真的不可不读。

开本:32 开　　定价:22. 80 元

序号 32:《高中低餐馆赚钱 250 则》

内容简介:

本书将教您如何开各种类型的餐馆,同时,也是一本适合高、中、低不同档次餐馆的经营和从业人员阅读的好书。

开本:32 开　　定价:28. 00 元

序号 33:《怎样提高餐馆人员商业素质》

内容简介:

提高餐馆从业人员的素质,是餐馆持续发展的重要保证,本书将教您如何提高自己的素质。想开餐馆的朋友不妨一读。

开本:32 开　　定价:26.00 元

序号 34:《餐馆财务百问百答》

内容简介:

财务是企业的命脉。开餐馆面临的如何进行财务预测与分析、如何制作餐馆财务报表、如何做好财务资金管理、如何创收、如何压缩投资成本提高利润等问题,本书将为您一一解答。

开本:16 开　　定价:29.80 元

序号 35:《餐馆投资百问百答》

内容简介:

这是一本教您投资餐馆"入门之道"的书。开餐馆必须具备足够的条件,必须科学投资与策划,必须科学预测与分析,而投资成败往往只在一念之差。本书是希望投资餐馆和希望创业成功的朋友不可不读的好书。

开本:16 开　　定价:29.80 元

序号 36:《餐馆厨师实用手册》

内容简介:

开餐馆需要怎样的厨师？如何做一名出色的厨师？《餐馆厨师实用手册》一定能帮您!

开本:16 开　　定价:29.80 元

序号 37:《餐馆服务实用手册》

内容简介:

开餐馆需要怎样的服务人员,服务人员应如何做好餐馆经营中的“客我”交往,怎样做一名“双赢”的服务人员?《餐馆服务实用手册》一定会给您启迪!

开本:16 开　　定价:29.80 元

序号 38:《如何开一家赚钱的餐馆》

内容简介:

开餐馆当然想赚钱,但如何赚?《如何开一家赚钱的餐馆》一定是您理想的创业宝典!

开本:32 开　　定价:28.00 元

序号 39:《餐馆管人 36 招》

内容简介:

餐馆如何管人,《餐馆管人 36 招》教您把握管人的原则。

开本:16 开　　定价:29. 80 元

序号 40:《餐馆用人 36 计》

内容简介:

餐馆如何用人,《餐馆用人 36 计》教您掌握用人的原则。

开本:16 开　　定价:29. 80 元

序号 41:《餐馆赢在细节》

内容简介:

细节决定成败,细节乃日常生活中的点点滴滴,因此,要开一家成功的餐馆,必须从点点滴滴做起、从细节做起!

开本:16 开　　定价:29. 80 元

序号 42:《餐馆危机处理》

内容简介:

危机处理是餐饮企业的一项必不可少的日常工作。面对危机事件从容面对、化险为夷、变被动为主动是一门学问,也是从业技能。因此本书不可不读。

开本:16 开　　定价:29.80 元

序号 43:《餐馆赢在决策》

内容简介:

本书介绍了餐馆在策划、选址、选项、菜品、定价、定位、服务、装潢等各个方面作决策时应考虑哪些问题,帮助读者成功创业。

开本:16 开　　定价:29.80 元

序号 44:《餐馆赢在督导》

内容简介:

餐馆的督导者在经营管理中起关键作用,本书帮助他们提高执行能力和工作绩效,规范餐饮行业管理。

开本:16 开　　定价:29.80 元

序号 45:《餐馆营销学堂》

内容简介:

本书针对现有餐饮企业管理、营销等多个层面值得注意的问题,总结经验、规律,提出解决之道,既有理论,又有心得。

开本:16 开　　定价:24.80 元

序号 46:《餐馆经营实战讲堂》

内容简介:

本书对餐馆经营过程中涉及的团队管理、激励机制的建立、各个环节的有效监控、营销策略等实际问题给予了深入浅出的讲解。

开本:16 开　　定价:29.80 元

序号 47:《餐馆开业采购指南》

内容简介:

本书详细介绍了餐馆开业所需物品的品种、数量,帮助读者正确选购,控制成本。

开本:16 开　　定价:26.00 元

序号 48:《餐馆经理必备》

内容简介:

本书论及的各种问题和提出的解决方法均切合实际,是一本指引餐馆经理跻身于优秀者行列的实用指南。

开本:16 开　　定价:26.00 元

序号 49:《餐馆赢在出品》

内容简介:

好的出品是餐馆的核心产品,是"摇钱树",本书介绍的各种保障餐馆出品优质、特色的方法适合餐馆经营者和厨师参考。

开本:16 开　　定价:28.00 元

序号 50:《餐馆制胜之道》

内容简介:

餐馆是人员密集型的企业,从服务员、厨师、采购、财务到主管岗位,部门繁多,因此相互间密切配合是餐馆经营成功的关键所在,本书能使餐馆经营者掌握团队建设的利器,从而打造一流的团队。

开本:16 开　　定价:29.80 元

序号 51:《餐馆风水布局》

内容简介:

本书从风水学的角度,对餐馆的室内外装修布局、招财旺业的摆设进行了全面的讲解。

开本:16 开　　定价:29. 80 元

序号 52:《2011 年餐饮业运程预测》

内容简介:

本书介绍了不同生肖的餐饮业主、不同类型的餐馆在 2011 年的运程,对趋吉避凶有很大帮助。

开本:16 开　　定价:29. 80 元

序号 53:《餐馆楼面管理实用图表》

内容简介:

表格化管理可以使餐馆管理更加科学、规范。是提高餐馆管理水平的重要工具。

开本:16 开　　定价:38. 00 元

序号 54:《如何成为一名出色的点菜员》

内容简介:

点菜员水平的高低直接影响着餐馆的营业额。同时,出色的点菜员也是顾客的好参谋,是餐馆的宣传员。

开本:16 开　　定价:29.80 元

序号 55:《餐馆赢在素质》

内容简介:

素质高低决定餐厅服务水平的高低。这是一本不可多得的服务员培训手册,不可不读。

开本:16 开　　定价:29.80 元

序号 56:《美食本草纲目》

内容简介:

这是一本介绍饮食养生的图书,人的生命是以饮食为基本需求,通过胃功能消化食物,吸收各种人体所需要的营养成分,你要延寿,你要养生,不可不读。

开本:16 开　　定价:29.80 元

序号 57:《餐馆楼面营运流程设计》

内容简介:

本书介绍了餐馆楼面各种岗位及工作程序流程设计,是餐馆提升管理的重要基础保证。餐馆管理,不可不读!

开本:16 开　　定价:29.80 元

序号 58:《餐馆赢在成本控制》

内容简介:

本书介绍了餐馆如何严格控制各方面的成本,使餐馆利润最大化,开餐馆,想赚钱不可不读!

开本:16 开　　定价:29.80 元

序号 59:《中国餐饮天书》

内容简介:

这是一部从餐饮士兵到餐饮将军的真实写照,作者用生动的文笔,总结了 40 年的餐饮心历路程,餐饮总经理及餐饮中高层主管不可不读!

开本:16 开　　定价:39.80 元

图书邮购电话:15601113538　邮购联系人:王盛华

(图书邮购一律八折,免邮费。)